Marie-Sophie Lobkowicz

Juliana.

Eine Geschichte von
Umkehr und Heilung

Marie-Sophie Lobkowicz

Juliana.

Eine Geschichte von Umkehr und Heilung

Präsenz

Bibliografische Information der Deutschen Bibliothek

Die Deutsche Bibliothek verzeichnet diese Publikation in der Deutschen Nationalbibliografie; detaillierte bibliografische Daten sind im Internet über http://dnb.ddb.de abrufbar.

Umschlaggestaltung: Gesine Beran
Druck: CPI books GmbH, Ulm

ISBN: 978-3-87630-214-0

www.praesenz-verlag.de

Inhalt

Vorwort

Wundern Sie sich auch manchmal, warum manche Dinge in Ihrem Leben so ausgezeichnet funktionieren? Und andere wiederum einfach immer misslingen? Ohne ersichtlichen Grund! Beispielsweise habe ich es bis heute nicht geschafft, eine einzige Lateinprüfung zu bestehen, obwohl ich die Inhalte zumindest bestehens-würdig gut kann. Grundsätzliche Prüfungsangst habe ich aber nicht. Nur Lateinprüfungen misslingen mir einfach. Immer. Ein Fluch? Auf der anderen Seite gibt es unvorhersehbaren Segen. Wie die Geschichte dieses Buches.

Das erste Mal traf ich Juliana Bosma zu Hause bei meinen Eltern. Meine Mutter organisiert im Frühling jährlich eine Fastenwoche. Einige Frauen treffen sich zum Fasten und Beten – eine Woche Erholung für Körper und Geist. Die Zeit ist immer von Andachten und Gebet durchwoben. Im Frühjahr 2010 hat uns Juliana auf Einladung meiner Mutter, die bisher auch lediglich von ihr gehört hatte, täglich Impulse geben. Juliana beeindruckte augenblicklich: frisch, fröhlich und gelassen, mit einem undefinierbar gemischten Akzent, stets orange geschminkten Lippen und lebensfrohen Augen.

Ihre ansteckende Begeisterung und Ausstrahlung ließ keinen unberührt. Etwas strahlt aus ihr heraus und jeder, der sie sieht, fragt sich unweigerlich, woher das kommt. Sie begleitete uns durch die Woche, und es war eine weitaus intensivere, erlebnisreichere Zeit als vermutet.

Auf der Suche nach einem neuen Buchprojekt kam mir der flüchtige Gedanke, das Leben von Juliana Bosma aufzuzeichnen. Schließlich nahm ich im Juni 2010 all meinen Mut zusammen und schrieb ihr, ob sie sich vorstellen könne, ihr Leben offen zu legen. Ihre Reaktion war überwältigend. Sie war begeistert von der Idee und hatte just in den Monaten zuvor von einigen Menschen die Ermutigung bekommen, ihr Leben aufzuschreiben. Auch hatte sie zwei „Prophetien“ bekommen, dass sie Bücher schreiben werde und Gott ihr jemanden ins Haus schicken werde, der ihr damit helfe. So ist das mit Juliana – ein geradezu unbegreifliches Gottvertrauen durchdringt sie. Mit Gott geht alles, ohne ihn nichts. So war das dann auch mit unserem Buchprojekt.

Das Buch ist fertig.

Es hat einfach geklappt.

Wir haben einen Verleger gefunden, eine gemeinsame Reise nach Uganda unternommen; dort habe ich die Lebensgeschichte von Juliana gehört und aufgeschrieben. Noch nie bin ich derart unvorbereitet an ein Projekt herangegangen. Und noch nie musste ich mich dabei so auf Gottes Hilfe verlassen. Und auf die ist Verlass, denn nun liegt das Buch vor Ihnen. Es ging fast wie von selbst. Man könnte auch in Julianas Worten von einem „heavenly download“ sprechen.

In diesem Buch werde ich davon berichten, was Juliana Bosma zum Thema Fluch und Segen beitragen kann. Warum? Sie hat eine Lösung GEGEN ewige Pechsträhnen und FÜR tägliche Wunder gefunden. Ihr Lebensweg war von Tragödien durchzogen und ist heute von Glauben, Liebe und Hoffnung bestimmt. Tod, Scheidungen, zerstörte Beziehungen und Verlassenheit prägten ihr Leben. Trotzdem lacht Juliana mich heute an und strahlt immer diese ungemeine Lebensfreude aus. Freude am Sein, Freude am Lachen und voller Humor, Freude an einem schönen, saftigen Steak, Freude an Begegnungen, Freude an Menschen. Wie hat Gott aus der zerstörten jungen Frau, diese starke, lebensbejahende Person erwachsen lassen? Juliana hat mir davon erzählt. Sie hat auch davon erzählt, was nach ihrer Umkehr geschehen ist und wie sie Gott erst kennengelernt und sich dann mit ihm auf eine abenteuerliche Reise begeben hat. Sie durfte nicht nur persönliche Heilung erfahren, sondern schließlich auch zur Heilung anderer Menschen beitragen. Es ist eine wahrhaft erstaunliche, manchmal unglaubliche und doch wahre Geschichte.

Tagebuch – 29. Mai 2011, von Marie-Sophie Lobkowicz:

„Nun ist das Buch so gut wie fertig. Viele Male habe ich es durchgearbeitet und gelesen. Und immer wieder habe ich mich dabei ertappt, dass ich mich nicht auf die Korrekturen konzentrierte, sondern mich wieder von dieser Geschichte in den Bann ziehen ließ. Meine Zeit mit Juliana und die Arbeit an diesem Buch waren intensiv und für mein persönliches Leben sehr bereichernd. Wenn ich etwas daraus mitnehme, dann ist es die Erkenntnis, dass Gott ein guter Gott und der Teufel ein böser Teufel ist. Und dass es sich lohnt, ein Leben mit Gott zu wagen, weil Er all unsere Erwartungen übersteigt."

Ihre

Marie-Sophie Lobkowicz

Die Schlangentöterin

Seht ich habe euch die Vollmacht gegeben
auf Schlangen und Skorpione zu treten und
die ganze Macht des Feindes zu überwinden.
Nichts wird euch schaden können.
(Lukas 10,19)

Meine Mutter Susanna war eine Legende in Namibia. Sie war erst 17 Jahre alt, als sie mit ihrem Mann aus Südafrika nach Windhuk, die Hauptstadt Namibias, kam. Da sie in ihrem Elternhaus sehr unglücklich gewesen war, hatte sie die erste sich bietende Gelegenheit ergriffen, um ihrer Kindheit den Rücken zu kehren. Sie heiratete Hendrik Rossouw und ging gemeinsam mit ihm fort. Hendrik arbeitete damals bei der Eisenbahn und das junge Paar wohnte auf einer Farm am Rande der Stadt. Kaum neuzehnjährig, brachte Susanna ihr erstes Kind zur Welt, und in den folgenden Jahren sollten noch fünf weitere dazu kommen.

Sie war eine große, stattliche Frau mit kräftigen Armen und Händen, die anpacken konnten. Zu grobschlächtig, um schön genannt zu werden, konnte man sie zumindest als „durchaus attraktiv“ bezeichnen. Es war dieses gewisse Etwas in ihren Augen, das die Aufmerksamkeit der Menschen auf sich zog. Wild, entschlossen und ungebändigt. Von Anfang an musste sie auf der Farm alles alleine machen, während ihr Mann an den Bahngleisen, die von Johannesburg bis nach Windhuk verlegt wurden, arbeitete. Sie musste selbst schlachten, die Tiere ausweiden, Obst einkochen und Reparaturarbeiten durchführen. Sie kümmerte sich um den Hof, die Küche, die Kinder. Sie stellte selbst Seife und Butter her, nähte, kochte und regierte.

„Regieren“ beschreibt ihren Umgang mit allem und jedem wohl am treffendsten. Sie regierte ohne Opposition zu dulden oder auch nur wahrzunehmen. In der Gegend um die Farm nannte man sie auch „Dr. Kill or Cure“. Sie kannte sich mit allerlei Pflanzen und Kräutern aus und behandelte die Menschen, vor allem gegen Malaria. Ihre Behandlungen waren teilweise recht ungewöhnlich. Sie verwendete zum Beispiel Natron zum Gurgeln, um Mandelentzündungen zu heilen. Auch eine gute Dosis Bittersalz gegen Fieber zeige immer eine positive Wirkung, meinte sie, oder Pfeffer auf offenen Wunden führe zu schneller Genesung. Ihre Methoden verursachten Schmerzen, aber sie halfen.

Meine Mutter war eine respektierte und gefürchtete Frau. Sie hatte früh gelernt, stark zu sein, um zu überleben. Ihre kantige Natur machte sie zu einer herausragenden Persönlichkeit. Weit und breit war sie als die Schlangentöterin bekannt. Sie kannte keine Angst. Selbst gestandene Männer nahmen ihre Hilfe in Anspruch, wenn sie giftige Schlangen töten wollten, mit denen sie selbst nicht fertig wurden. Sie griff blitzschnell zu und brach den Schlangen einfach das Genick, bevor diese zu einer Gegenwehr ansetzen konnten.

Ein wilder, fast brutaler Charakter. Sie fürchtete sich vor Nichts und Niemandem. Die meisten Menschen fürchteten sich vor meiner Mutter. Sogar die Polizei. Sie besaß eine Lederpeitsche, mit der sie ihre sechs Kinder zu züchtigen pflegte, und wenn es notwendig war, auch jeden anderen, der ihr in die Quere kam.

Einmal schlug sie meine Schwester Driekie. Dabei schlug sie so hart zu, dass Driekie vor Verzweiflung laut schrie. Die anderen Geschwister hielten sich verschreckt zurück, um nicht selbst Schläge zu kassieren. Das Schreien meiner Schwester klang wie das eines Schweins auf der Schlachtbank. Die Nachbarn hörten den verdächtigen Lärm und alarmierten die Polizei. Zwei junge

Polizeibeamte klingelten an der Tür, hämmerten dagegen und forderten Einlass. Meine Mutter öffnete gelassen, die Peitsche baumelte noch in ihrer Hand.

Sie ließ die jungen Männer nicht zu Wort kommen, sondern herrschte sie an:

„Macht, dass ihr weg kommt, oder ich verhaue euch auch."

Da gab es nichts zu erwidern.

Die Polizisten flohen.

Und noch eine Geschichte. Nach dem Krieg gab es zwischen den Militärs und den Zivilisten bei den Eisenbahnarbeiten immer wieder Streit. Als der Konflikt einmal mehr auszuarten drohte, marschierten die Streithähne auf die Farm von „Tante Souras", wie meine Mutter auch genannt wurde. Man hoffte, sie wäre in der Lage den Streit zu schlichten. Sie war schließlich respektiert und für ihre Furchtlosigkeit bekannt. Die wild streitenden Männer stürmten in die Farm, schrieen und schlugen aufeinander ein. Als meine Mutter nach Hause kam und die streitenden Männer vorfand, wurde sie wütend. Entschlossen griff sie zur Peitsche. Ohne groß nachzudenken, trennte sie die Streithähne und sorgte für Ordnung. Dabei übertönte ihre Stimme mit Leichtigkeit die der Männer. Wie kleine Buben standen die erwachsenen Männer vor ihr und zogen die Köpfe ein. Die Militärs ergriffen schließlich die Flucht.

Der Mann meiner Mutter war ein sehr ruhiger, lieber Mensch, den sie völlig beherrschte. Er hatte wohl nicht geahnt, was ihm blühte, als er der damals Siebzehnjährigen angeboten hatte, sie zu heiraten. 1943 kehrte er aus dem Kriegsdienst nach Hause zurück. Traumatisiert durch den Krieg war er Alkoholiker geworden. Nach seiner Rückkehr dauerte es nicht lange, bis sich meine Mutter von ihm scheiden ließ. Mit schwachen Menschen hatte sie kein Mitleid. Und sie war selbst nicht bereit zu leiden.

Ich wurde 1946 in der namibischen Wüste geboren. In der Walfischbucht, einem der wichtigsten Seehäfen Namibias. In meinem Geburtsort, in dem meine Mutter damals ein Restaurant betrieb, hatte sie sich in einen Mann verliebt. Meine Mutter hatte nicht mehr damit gerechnet, noch Kinder zu bekommen, da sie bereits mitten in den Wechseljahren war. Sie war mehr als erstaunt, als ich mich ankündigte. 40 Jahre alt, geschieden und bereits sechs Kinder; keine ideale Ausgangsbedingung, um noch einmal schwanger zu werden. Auf ihrem Sterbebett erzählte sie mir, dass ich das einzige ihrer Kinder gewesen sei, das aus Liebe gezeugt worden war. Mein Vater war ein Holländer, der gelegentlich aufgrund seiner Geschäfte in die Walfischbucht gekommen war. Mehr weiß ich nicht über ihn. Als er von der Schwangerschaft erfuhr, gestand er meiner Mutter, dass er bereits verheiratet war. Er bot ihr an, seine Familie zu verlassen, aber sie schickte ihn fort, damit er zu seiner Frau und seinen vier Kindern zurückkehrte.

Ich war ein ungeplanter Nachzügler. Ein Unfall, wie ich später oft dachte. Ich wurde von dem einzigen Arzt, der sich in der Umgebung befand, auf die Welt gebracht. Er war Tierarzt und sagte bei meiner Geburt, ich erinnere eher an ein Elefantenbaby als an ein Menschenkind. Ich wog 13 Pfund. Meine Mutter ließ mich auf ihren Mädchennamen als Juliana Isobel Van Wyk eintragen.

Ich wuchs jedoch mit dem Nachnamen meiner Geschwister auf: Rossouw. Und ich lebte in der festen Annahme, Hendrik Rossouw sei mein Vater. Ich hatte drei Brüder, Berti, Marius und Hendrik sowie drei Schwestern, Ella, Fay und Driekie. Der jüngste Bruder, Hendrik, war dreizehn Jahre älter als ich. Alle meine Geschwister waren wegen des Altersunterschieds eher wie Tanten und Onkel für mich.

Damals lebte nur meine Schwester Driekie bei uns, die im Restaurant meiner Mutter arbeitete. Die anderen Geschwister lebten in Windhuk. Meine Schwester Driekie brachte drei Monate vor meiner Geburt einen Sohn zur Welt. So wuchs ich mit meinem Neffen Martin auf, als wäre er mein Bruder. Er war der erste Mensch, den ich zurück lassen musste, als meine Mutter aus der Walfischbucht wegzog. Ich habe eigentlich keine Erinnerung an die Zeit in der Walfischbucht. Als ich etwa drei Jahre alt war, zogen wir um nach Kapstadt.

Es sollte der erste von sehr vielen weiteren Ortswechseln in meinem Leben sein. Meine Mutter hatte nie für sehr lange eine Arbeit, und so waren wir stets wieder am Aufbrechen. Orte und Menschen, die ich gerade lieb gewonnen hatte, hinter mir zu lassen – dieses Gefühl zieht sich wie ein roter Faden durch mein Leben. Ich wuchs auf wie ein Einzelkind. Meine Mutter nahm mich überall mit hin und meine Geschwister sah ich sehr selten. Ich erlebte meine Mutter als extrem streng und ich hatte immer etwas Angst und tiefen Respekt vor ihr. Ich hätte es nie gewagt, ihr zu widersprechen oder gar mich gegen sie aufzulehnen. Genauso wie sie ihr ganzes Leben über Menschen geherrscht hatte, herrschte sie über mich. Nicht selten packte die Schlangentöterin mich im Genick, auch wenn sie es mir nie brach. Zärtlichkeit war etwas, was ich nicht mit ihr in Verbindung brachte. Es ist nicht so, dass sie mich nicht geliebt hätte. Ganz und gar nicht. Sie versorgte mich gut und achtete immer darauf, dass ich hübsch gekleidet war. Sie wollte ein perfektes Kind, aber sehr viel Zeit hatte sie nie für mich. Ich lernte also schnell, mich hervorragend mit mir selbst zu beschäftigen, und flüchtete mich in Tagträume.

In Kapstadt arbeitete meine Mutter als Köchin bei einer jüdischen Familie. Wir lebten bei der Familie, in einer kleinen Kammer. Die Kinder spielten nie mit mir. Ich wusste, dass sie Juden waren, weil meine Mutter es mir gesagt hatte. Ich wollte mich gerne mit ihnen anfreunden, aber sie beachteten mich nicht. Immer war ich ausgeschlossen, obgleich wir im selben Haus wohnten. Nur wenn ich ihnen nützlich war, kamen sie zu mir. Ich erinnere mich noch genau, dass ich immer die Lichter für sie anmachen sollte, da ich als einzige keine Angst vor der Dunkelheit hatte. Ich war erst vier Jahre alt. Ich stieg auf eine kleine Box, um die Lichtschalter zu erreichen. Auch wenn ich mich streckte und mühte, um den Schalter zu erreichen, half mir keines der Kinder. Und ich verinnerlichte, dass ich nur zu was gut war, wenn ich etwas Nützliches tat. Ich erbrachte eine Leistung und erntete dafür Aufmerksamkeit.

Als ich fünf Jahre alt wurde, zog ich mit meiner Mutter in die Kalahariwüste in einen Ort Namens Gobabis. Dort arbeitete meine Mutter in einem Hotel für eine reizende Familie mit drei Kindern. Ich wurde eingeschult und fand eine Freundin: Hildegard, die Tochter der Hotelbesitzer. Es war das erste Mal, dass ich mich mit einem Mädchen anfreundete. Schon immer war ich besser mit den Buben klar gekommen. Vielleicht weil ich mit Martin aufgewachsen war.

In dieser Zeit merkte ich, dass ich gerne anderen etwas beibrachte. Das Hotel hatte eigene Hühner und einen großen Hühnerstall. Dort spielten Hildegard und ich oft Lehrer und wir unterrichteten die Hühner. Ihr Gackern, Schaben und Picken passte gut in unser Spiel. Mit Puppen spielten wir nicht so gerne und wenn wir es doch einmal taten, dann haben wir sie belehrt. Es war eine gute, sorgenfreie Zeit. Ich erinnere mich, dass ich damals in einer Art primitivem Kino einen schnulzigen Heimatfilm über die Loreley gesehen habe. Ein bisschen Liebe, grüne Landschaften und ein idyllischer Fluss, der sich durch die Berge schlängelte. Ich war hingerissen. Ich begann in meinen Tagträumen in die weite Welt zu reisen. Ich konnte mich für Stunden von der Welt verabschieden und in meiner Phantasie die spannendsten Orte und Länder besuchen. Und ich bevorzugte eindeutig grüne, bewaldete Orte.

Meine Freundin Hildegard war ein abenteuerlustiges Mädchen. Wir spielten am liebsten mit den Buben, weil uns Mädchen zu langweilig waren. Weil wir mutig und unerschrocken waren, machten wir ihre Streiche mit, und sie ließen uns gewähren. Wir klauten Obst von den Bäumen der Nachbarn, stocherten Bienenstöcke auf und flohen dann mit wildem Geschrei, um nicht gestochen zu werden. Wir zerschnitten die Gartenschläuche der Nachbarn und verkauften die Stücke an Schwarze für ihre Fahrräder. In der Nähe des Hotels gab es eine Halle, in der leere Benzinkanister gelagert wurden. Es war unser größter Spaß, ein Streichholz in die Kanister zu schmeißen und kleine Explosionen zu verursachen. Einmal verbrannte das ganze Gesicht eines der Jungen, der so dumm war, in den Kanister zu schauen. Sogar das hielt uns nicht davon ab, weiterzumachen.

Wir stellten eine Menge Unsinn an und regelmäßig wurde ich dafür von meiner Mutter auch geschlagen. Sie verstand keinen Spaß und war streng darauf bedacht, aus mir ein braves, sittsames Mädchen zu machen. Ich versuchte wegzulaufen, wenn es wieder soweit war. Gelang es mir, dann jagte meine Mutter mir die schwarzen Mitarbeiter hinterher. Diese mochten mich und taten deshalb nur so, als würden sie mich fangen. Ich wusste immer, dass sie mich mit Absicht nicht einholten, um mich zu schützen. Meine Mutter war sehr rassistisch und hatte einen harten Umgang mit den schwarzen Kollegen. Ich hingegen liebte sie, weil ich sie immer als meine Beschützer erlebte.

Als ich acht Jahre alt wurde, schickte meine Mutter mich zu meiner Schwester Ella nach Windhuk, um dort mit ihr zu leben. Ich weiß nicht mehr, warum ich verschickt wurde, aber ich verließ Kapstadt und meine Freunde nur sehr ungern. Auch vermisste ich meine Mutter. Obgleich ich oft sehr unter ihr gelitten hatte, hing ich doch auch an ihr. Sie war schließlich meine einzige Bezugsperson im Leben. Ella hatte bereits zwei Söhne, die etwas älter waren als ich. Die beiden Buben waren gar nicht begeistert, dass ich da war. Ich war ein Störenfried in ihrem Haus und das zeigten sie mir auch deutlich. Sie waren gemein zu mir und machten mir das Leben schwer, wo sie nur konnten.

Mein Neffe Johann kippte beispielsweise einmal einen Eimer mit Sand unter mein Bett. Meine Schwester war sehr sauber und pingelig, und ich bekam Schläge dafür. Er wusste das. Und es freute ihn. Ich litt ungemein, konnte mich aber nur schlecht wehren. Ich hatte nie gelernt, zu widersprechen oder aufzubegehren. Also ertrug ich die Behandlung still und heimlich und wünschte mir zwischenzeitlich sogar das harte Regiment meiner Mutter zurück.

Außerdem hasste ich den Mann meiner Schwester. Er war ein harter, kritischer Mensch, der Ella fast jeden Abend zum Weinen brachte. Sobald er den Raum betrat, wurde die Atmosphäre angespannt. Das war körperlich wahrnehmbar. Ich fürchtete den Moment. Obgleich er nie Hand an uns legte, machte er mir Angst. Meine Mutter muss wohl gemerkt haben, dass ich dort nicht glücklich war, und nahm mich ein Jahr später wieder zu sich.

Mit zehn Jahren wurde ich in ein Internat in Windhuk gesteckt. Das Internatsleben war schrecklich. Ich fühlte mich sehr einsam und wollte nicht bleiben. Eine der Lehrerinnen, Miss Emilie, hatte es besonders auf mich abgesehen und schikanierte mich, wo sie nur konnte. Ich war, wie mir schien, still und brav, aber sie bestrafte mich ständig und gab mir bei jeder Gelegenheit Stubenarrest. Sie suchte regelrecht Fehler an mir, um mich wieder bestrafen zu können. Zumindest empfand ich es damals so. Ich hasste diese Frau, die mir das Leben vermieste.

Ein Jahr später kam meine Mutter in mein Internat. Sie hatte dort Arbeit als Köchin bekommen und wollte in meiner Nähe sein. Man könnte meinen, dass ich mich darüber gefreut hätte. Aber das Gegenteil war der Fall. Das Verhältnis zu meiner Mutter war zeit meines Lebens sehr zwiespältig. Ich konnte nicht mit ihr, aber auch nicht ohne sie. Für mich bedeutete ihre Ankunft im Internat nur noch einen weiteren Erwachsenen, dem ich gehorchen musste und der mich strafen konnte. Schon wenn ich ihre lauten Schritte auf dem Gang hörte, sprang ich auf, um den Anschein zu erwecken, ich wäre beschäftigt. Es war egal, was es war – Hauptsache, sie erwischte mich nicht beim Müßiggang. Sie hielt es nicht aus, wenn jemand einfach einmal nichts tat. Und weil ihre Hand stets locker saß und sie so schnell in Wut geriet, wurde sie im Internat „Tante Bombe“ genannt. Freigebig verteilte sie Ohrfeigen und Schläge. Ich war nicht die Einzige, die das zu spüren bekam. Die Internatsleiter waren froh, dass meine Mutter mit Strenge für Zucht und Ordnung sorgte, auch dort, wo es nicht ihre Aufgabe gewesen wäre. Wahrscheinlich wagten auch die anderen Erwachsenen nicht wirklich ihr zu widersprechen. Manchmal ging sie auch einfach zu weit. Einmal verdrosch sie mich mit einem Stromkabel, so dass ich drei Tage lang gepflegt werden musste. Mein Rücken war offen und blutig. Ich hatte sie belogen. Ich weiß nicht einmal mehr, weswegen. Es war eine Kleinigkeit gewesen. Ehrlichkeit war für sie die Tugend Nummer eins. In ganz seltenen Fällen entschuldigte sie sich bei mir nach solchen Gewaltausbrüchen. Aber meistens sah sie die Schläge einfach als gerechtfertigte Erziehungsmaßnahme an.

Während dieser Zeit bekam meine Schwester Driekie auch eine Stelle im Internat. Ihre Kinder Martin, Roy und meine Nichte Pinkie gingen nun mit mir in die Schule. Meine Schwester hatte eine sehr schwere Zeit mit ihrem Mann hinter sich, ihre Kinder waren für eine Zeit lang in einem Kinderheim gewesen und völlig verwahrlost. Ich freute mich, Martin wieder zu sehen. Und zu meiner Schwester Driekie hatte ich ein sehr inniges Verhältnis. Bis zu diesem Zeitpunkt war ich jedoch die Einzige gewesen, die die Zuwendung meiner Mutter bekommen hatte. Jetzt musste ich das bisschen, was meine Mutter zu geben in der Lage war, auch noch teilen. Eifersüchtig lauerte ich auf jeden noch so kleinen Beweis der Zuneigung. So sehr ich sie fürchtete, so sehr genoss ich es doch, wenn sie mir schöne Kleider nähte und mich herausputzte. Sobald meine Schwester mit ihren Kindern da war, bekam ich keine Aufmerksamkeit mehr. Ich war ihr Aushängeschild gewesen und das hatte ich geliebt. Sie hatte eine ganz eigene Art, ihre Liebe zu zeigen, und ich verstand die Sprache ihrer Liebe. In solchen Momenten wurde sie mir entzogen und ich mochte das ganz und gar nicht.

Als ich dreizehn Jahre alt wurde, zogen wir alle gemeinsam nach Swakopmund an die Küste. Wieder hatte meine Mutter einen neuen Job angenommen. Wieder packten wir unsere Sachen und mussten an einem neuen Ort ein neues Leben aufbauen. Driekie und ihre Kinder kamen mit uns. Dort kam ich wieder in ein Internat, wieder kochte dort meine Mutter, und meine Schwester war als Hilfe eingestellt. Nach einem Jahr, im Juni 1959, schickte meine Schwester mich und ihre drei Kinder zu einer alten Freundin in der Walfischbucht, und sie und meine Mutter blieben in dem Internat. Es waren Ferien. Es hieß, wir sollten aufs Land, frische Luft würde uns guttun. Wir waren keine zwei Tage bei dieser Familie, als wir plötzlich eilig zurückgeholt wurden. Was uns erwartete, war ein Schock, den ich niemals vergessen werde.

Meine Schwester Driekie hatte sich umgebracht. Sie schoss sich mit einer Pistole in den Kopf. Sie starb in den Armen meiner Mutter. Es war zu schrecklich und grausam, um es zu begreifen. Ich war erst dreizehn Jahre alt und hatte gerade begonnen, eine Beziehung zu dieser Schwester aufzubauen. Wir hatten uns gut verstanden, und sie hatte mir eine Art Liebe gezeigt, wie meine Mutter es nie gekonnt hatte. Wir hatten begonnen, eine Familie zu werden, wie ich mir das immer erträumt hatte. Sie war in dem Jahr zuvor eine richtig gute große Schwester für mich gewesen. Ich weiß noch, dass sie wunderbar Klavier spielen konnte und wie sehr ich es genoss, ihr dabei zuzusehen und zu lauschen. Nun war sie tot. Und das aus eigenem Willen. Sie hatte uns verlassen, sich einfach das Leben genommen. Ich konnte das nicht begreifen. Alles, woran ich mich erinnere, ist ein Gefühl der absoluten Verlassenheit und Leere. Und damit nicht genug. Der Selbstmord hatte schlimme Folgen für uns: Ihr Selbstmord brachte Schande über die ganze Familie. Und das bekamen wir zu spüren.

Meine Kindheit war mit diesem Tag abrupt beendet.

Scham und Schande

Fürchte dich nicht, du wirst nicht beschämt.
Schäme dich nicht, du wirst nicht enttäuscht.
Denn die Schande in deiner Jugend wirst du vergessen,
an die Schmach deiner Witwenschaft wirst du
nicht mehr denken. Denn dein Schöpfer ist dein Gemahl.
Herr der Heere ist sein Name.
Der Heilige Israels ist dein Erlöser. (*Jesaja 54, 4–5*)

Mit vierzehn Jahren kam ich dann wieder auf ein Internat in Windhuk, diesmal ohne Mutter. Ich war in erster Linie erleichtert, an einen neuen Ort zu kommen, an dem mich niemand kannte. Meine Mutter hatte Driekies Kinder, Martin, Roy und Pinkie adoptiert. Die beiden Buben waren in einem anderen, Pinkie in meinem Internat. Ich war sehr froh, dass meine Mutter keine Arbeit in meiner Schule bekommen hatte. Ich war in der Pubertät und meinte, sehr gut ohne sie leben zu können. Ich wollte frei sein und hatte mit meinen ganz eigenen Problemen zu kämpfen. Nach all dem, was passiert war, fühlte ich mich sehr unsicher, klein und minderwertig. Ich entwickelte mich zum Einzelgänger und zog mich immer mehr in mich selbst zurück. Der Selbstmord meiner Schwester klebte wie Pech an uns. So als könnte jeder sehen, was sie getan hatte. Es war wie moralische Sippenhaft. Wir alle bekamen es zu spüren. Auch wenn sie es nicht taten, fühlte es sich doch so an, als würden die Menschen mit dem Finger auf uns zeigen. Bei jeder Gelegenheit wollte ich weg, aber vor diesem Eindruck gab es kein Entkommen. Es war ein beständiges Gefühl der Scham und der Schande, das mich zu begleiten begann, und es sollte viele Jahre an mir haften bleiben.

Mit sechzehn musste ich ein weiteres Mal die Schule wechseln. Wieder in ein Internat, in dem auch meine Mutter Arbeit gefunden hatte. Es behagte mir gar nicht, wieder unter ihren strengen Augen leben zu müssen, aber ich hatte keine Wahl. Ich mied sie, wo ich nur konnte. Sie war drakonisch in allen Dingen. Sie legte größten Wert auf Anstand und gute Erziehung. Alles war mir verboten! Sie war nie zufrieden mit mir. Unser Verhältnis ist wohl nur mit Hass-Liebe zu beschreiben. Ich war abhängig von ihr – bis in die tiefsten Fasern meines Seins. Ich konnte sie oft kaum ertragen. Und ich liebte sie doch auch wieder, schließlich war sie meine Mutter.

Die ersten Jahre war ich noch sehr gut in der Schule gewesen. Ich hatte eine schnelle Auffassungsgabe und lernte gerne. Aber nach einigen Jahren rebellierte etwas in mir und ich resignierte. Mir wurde klar, dass ich meine Mutter sowieso nicht würde zufriedenstellen können. In der neuen Schule gab ich es schließlich auf, gute Noten haben zu wollen. Ich entdeckte, wie man mit minimalem Aufwand durchkommt, und wurde Meister darin.

In dieser Schule lernte ich meine allerbeste Freundin kennen. Ihr Name war Esther. Dieses Phänomen der einzigen, allerbesten Freundin gibt es wohl nur in diesen Jugendjahren. Die Freundin, mit der du alles teilst, der du alles erzählst, die dich in- und auswendig kennt. Das war für mich Esther. Wir waren gleich groß, wogen gleich viel – nur ihre Haare waren dunkler als meine. Wir waren wie Zwillinge. Schneeweißchen und Rosenrot. Wir lasen dieselben Bücher, liebten dieselben Filme und waren in dieselben Jungs vernarrt. Sie war eine sehr starke Persönlichkeit. Und durch sie entdeckte ich meinen Humor. Esther konnte mich zum Lachen bringen wie kein anderer Mensch. Selbstironisch, eigensinnig und stetig mit uns selbst befasst, wirbelten wir durchs Leben. Wir machten es uns zum Ziel, Spaß im Leben zu haben. Und wir hatten nur Unsinn im Kopf. Gemeinsam mit Esther begann ich, auch andere Freunde zu finden.

Ich blühte regelrecht auf. Wir waren eine Gruppe von Mädchen, eine richtiggehende Gang – Mädels, mit denen wir einfach Schabernack machten. Ohne Rücksicht auf Verluste. Wir hatten beispielsweise im Religionsunterricht einen sehr langweiligen Lehrer. Also versteckten wir Wecker in den Schränken und schlossen diese ab. Die Schlüssel versteckten wir. Jedes Mal, wenn unser Lehrer zu sprechen begann, läutete einer der Wecker. Alle zehn Minuten. Und unser Lehrer rastete aus. Natürlich zu unserer größten Freude. Aber wir hatten es nicht nur auf die Lehrer abgesehen. Auch die Jungs waren ein beliebtes Ziel unserer Späße. Einmal schlichen wir uns in die Schlafsäle der Jungs und räumten alles aus den Schränken raus. Eine von uns stand an der Türe Schmiere, während wir ein wundervolles Chaos anrichteten. Alle Kleider, Unterwäsche, Socken, die wir fanden, warfen wir auf einen Haufen in die Mitte des Raums. Und dann wurde ordentlich durchgemischt. Das war eine Freude, als wir ihr wütendes Gejohle vernehmen konnten. Ein anderes Mal nähten wir ihre Pyjamahosen unten zu, damit sie mit ihren Füßen nicht mehr durch kamen. Das Geräusch von zerreißendem Stoff, gefolgt von ungebändigtem, lautem Fluchen versetzte uns in Hochstimmung. Unsere Phantasie war unerschöpflich.

In dieser Zeit sahen wir den Film „Sound of Music". Er handelt von der Trapp-Familie, die durch einen Streich den Nazis entkommt. Esther und ich waren hingerissen, schwärmten für den gutaussehenden Captain von Trapp und summten das berühmte Lied vom „Edelweiß". Damals verliebte ich mich in Österreich. Von diesem Moment an träumte ich davon, die grünen Berge und Felder Österreichs zu sehen. Ein weit entfernter Wunschtraum, wie es schien. Ich war ja noch nicht einmal über die Grenzen meines eigenen Landes hinaus gekommen, geschweige denn über die des Kontinents. Zwischen Namibia und Südafrika gab es nicht einmal eine richtige Grenze, also waren das für mich keine zwei Länder.

Dann kamen die ersten offiziellen Prüfungen und mit ihnen begann für mich ein Spießrutenlauf. Da es offizielle, staatliche Prüfungen waren, sagte meine Mutter zu mir, dass ich meinen richtigen Namen angeben müsse. Richtiger Name? Ich verstand anfangs nicht, was sie meinte. Ich hörte zum ersten Mal, dass Van Wyk auf meiner Geburtsurkunde stand und nicht Rossouw. Ich begriff nicht, was das jetzt sollte. Warum hieß ich auf einmal anders? Und warum hörte ich davon zum ersten Mal? Die Schlangentöterin hielt sich nicht mit Erklärungen auf. Ich gehorchte, ohne weiter zu fragen. So wie immer. Wenn meine Mutter etwas sagte, dann wurde es getan.

Aber innerlich war ich aufgewühlt. Meine ganze Identität stellte sich auf den Kopf. Wer war ich eigentlich? Was hatte es mit diesem Namen auf sich? Warum hieß nur ich nach dem Mädchennamen meiner Mutter und meine Geschwister Rossouw? Zu meiner persönlichen Verwirrung kam noch ein weiterer Aspekt hinzu. Die Prüfungsergebnisse wurden damals in der Zeitung veröffentlicht. Für alle einsehbar. Natürlich konnte keiner meiner Freunde oder Verwandten mich unter dem Namen finden, unter dem sie mich kannten. Demnach dachten sie, ich sei durchgefallen. Eine Demütigung! Ich bekam Anrufe, Fragen, Mitleid und neugierige Blicke. Man kann sich kaum vorstellen, was es für mich bedeutete, ständig etwas erklären zu müssen, was ich selbst nicht verstand. Ich wagte damals nicht, meine Mutter um Aufklärung zu bitten, und so litt ich stillschweigend. Jede nett gemeinte Nachfrage zu meinen Prüfungen konfrontierte mich mit der Frage, die alles überschattete: Wer war ich eigentlich?

Ich war erschüttert, ich war orientierungslos. Es ist erstaunlich, was ein Name ausmacht. Wie er einen formt und Teil der Persönlichkeit wird. Mir wurde mein Name genommen und mein ganzes Leben schien aus den Fugen zu geraten. Aber damit nicht genug!

Mein Bruder Marius wohnte zu dieser Zeit nicht weit von uns entfernt. Ich besuchte ihn hin und wieder und genoss es, wie unsere Beziehung sich entwickelte. Ihm konnte ich mein Leid klagen. Und von ihm bekam ich schließlich die Antworten, die ich bei meiner Mutter vergeblich gesucht hatte. Als ich achtzehn wurde, machte er mir eine schockierende Eröffnung. Ohne Umschweife teilte er mir mit, dass Hendrik Rossouw nicht mein Vater sei und ich demnach ein Bastard wäre. Hätte man mir einen Arm amputiert, hätte der Schock und Schmerz nicht größer sein können. Ich war ahnungslos gewesen. Jahrelang hatte ich in dem Glauben gelebt, Hendrik sei mein wirklicher Vater. Obgleich ich ihn nur wenige Male zu Gesicht bekommen hatte, hatte er nie widersprochen, wenn ich ihn „Vater" nannte. Ich starrte meinen Bruder an und beschimpfte ihn, wohl aus Abwehr heraus – als Lügner. Aber tief in mir spürte ich, dass er die Wahrheit sagte. Denn es erklärte so vieles, was ich nicht hatte begreifen können.

Ich fühlte mich zutiefst aufgewühlt. Zu der Frage, wer ich war, gesellte sich eine weitere. Wo kam ich her? So muss sich ein Kuckuckskind fühlen, das bei einer Sperlingsfamilie aufwächst und eines Tages feststellen muss, dass es einfach nicht dazugehört. Ich war also ein Bastard. Ein uneheliches Kind. Ein Versehen obendrein.

Beim Versuch, mich zu trösten, meinte Marius lachend: „Du brauchst dich nicht so schlecht zu fühlen – ich glaube, ich bin auch ein Bastard."

Das war mir kein Trost!

Im Gegenteil!

Es eröffnete mir einen Blick auf meine Mutter, den ich lieber vermieden hätte. Seltsamerweise interessierte mich überhaupt nicht, wer mein richtiger Vater war. Ich schob das Thema beiseite. Mich damit auseinanderzusetzen hätte bedeutet, sehr schmerzhafte Orte in meinem Innern zu besuchen. Das galt es zu vermeiden. Ich war ein Lebenskünstler und geübt darin, Problemen aus dem Weg zu gehen. Also verdrängte ich alles, so gut ich konnte. Auch im Verdrängen war ich Meister!

Im Jahr meines Schulabschlusses hatte ich einen Lehrer, der mich fördern wollte, damit ich auf die Universität gehen konnte. Dieser Lehrer wollte mir ein Stipendium besorgen. Doch meine Mutter in ihrem Stolz hatte es einfach abgelehnt. Sie konnte nichts annehmen! Das Lernen fiel mir sehr leicht. Ich hatte eine schnelle Auffassungsgabe und war vielseitig begabt. Gerne wäre ich auf die Universität gegangen, um auf Lehramt zu studieren. Aber meine Mutter ließ das nicht zu. Alle meine Klassenkameraden gingen an die Uni, nur ich durfte nicht. Dabei wollte ich doch so gerne Lehrerin werden. Ich nahm es ihr sehr übel, dass sie mir diese Möglichkeit nicht gönnte. Ich fühlte mich auf der Strecke geblieben. Gott sei Dank war ich nicht allein. Esther durfte auch nicht studieren; ihre Mutter war geschieden und konnte das Geld für die Universität nicht aufbringen. Wir teilten also auch dieses Schicksal. Immerhin hatten wir einander und das war ein Trost. Ich war so dankbar, Esther in meinem Leben zu haben. Wir waren nicht bereit, uns unterkriegen zu lassen. Das Leben wollte gelebt werden. Wir waren jung und unternehmungslustig. Darum nahmen wir uns eine gemeinsame Wohnung und gingen arbeiten. In den Ferien gab es dann regelmäßig Klassentreffen und alle unsere Kameraden erzählten von der Uni

Name / Vorname

Straße / Hausnummer

PLZ / Wohnort

E-Mail-Adresse
(Mit der Zusendung von Informationsmaterial bin ich einverstanden.)

Präsenz

Mit der Rücksendung erkläre ich mich einverstanden, dass meine Adresse in die Kundendatei von Präsenz Kunst & Buch aufgenommen wird. Wenn ich keine Zusendung mehr wünsche, kann ich jederzeit eine Adresslöschung verlangen.

Bitte frankieren

Antwortkarte

Präsenz Kunst & Buch
Gnadenthal 17a

65597 Hünfelden

Sehr geehrte Leserin, sehr geehrter Leser,

Sie haben das Buch ______________________ aus unserem Verlag erworben oder geschenkt bekommen. Wir hoffen, dass es Ihnen zusagt und wünschen Ihnen beim Lesen und Betrachten Freude und Inspiration. Ihre Meinung über das Buch würden wir gerne hören. Bitte teilen Sie uns Ihre Eindrücke an dieser Stelle mit.

Gerne informieren wir Sie regelmäßig über unsere Neuerscheinungen. Wenn Sie dies wünschen, senden Sie uns bitte diese Karte mit Ihrer Adresse versehen zurück. **Unter allen zurückgesandten Karten verlosen wir jedes Vierteljahr einen attraktiven Buchpreis.** Vielen Dank für Ihr Interesse!

Ich interessiere mich für folgende Themen:

☐ Spiritualität ☐ Lebenshilfe ☐ Aktuelle Themen ☐ Kalender ☐ Kunstkarten ☐ Papeterie

Ich bin auf dieses Buch aufmerksam geworden durch:

☐ meine Buchhandlung ______________________

☐ eine Empfehlung von Freunden/Bekannten

☐ einen Besuch in Gnadenthal

☐ eine Buchbesprechung/Anzeige in ______________________

☐ einen Prospekt

☐ die Verlags-Homepage www.praesenz-verlag.de

☐ Ich habe das Buch geschenkt bekommen.

und dem schönen Leben dort – wir waren sehr eifersüchtig und flüchteten uns in Späße und Leichtfertigkeit.

Meinen ersten Job bekam ich in einem Finanzamt. Zu meinem Entsetzen arbeitete ich mit dreißig Frauen in einem Großraumbüro. Das war der reinste Horror für mich. Von jeher war ich besser mit dem männlichen Geschlecht zurecht gekommen. Die Spannungen und Reibereien unter den Kolleginnen konnte ich nur sehr schwer ertragen. Nach ein paar Monaten beantragte ich darum die Versetzung in eine andere Abteilung. Ein Glücksgriff: Ich wurde in die Minenabteilung versetzt – mit neun Männern. Da fühlte ich mich sogleich viel besser. Mit Männern konnte ich umgehen. Schon sehr früh hatte ich gelernt, die Waffen einer Frau gekonnt einzusetzen.

Während dieser Zeit traf ich wieder einmal meinen Bruder Marius. Wir waren in den Monaten zuvor richtig gute Freunde geworden. Wir aßen gemeinsam zu Mittag und sprachen lange. Marius war ein humorvoller, wenn auch manchmal zynischer Mensch. Ich liebte es, wie er in der Lage war, jeder Situation die Spitze zu nehmen, indem er einen passenden Witz hervorzauberte. Bei diesem Mittagessen erzählte er mir ungewohnt ernst, dass seine dritte Frau sich von ihm scheiden lassen wollte. Sie hatte ein Kind bekommen und war für die Geburt nach Europa gereist. Ich hörte ihn an und versuchte, ihn aufzubauen. Man konnte sehen, wie ihn das mitnahm, aber wie immer versteckte er seine wahren Gefühle hinter seinem Humor. Eigentlich war es ein gutes Treffen. Nach unserem Gespräch schien er auch deutlich besserer Laune zu sein. Nach dem Mittagessen verabschiedeten wir uns und ich ging nach Hause. Ich ahnte nicht, was kommen würde.

Am selben Tag, um kurz vor fünf, stand die Polizei mit der Nachricht vor meiner Tür, dass er sich das Leben genommen hatte.

Sie sagten es sachlich. Für mich war es wie ein Schlag in die Magengrube. Erst war ich taub, fühlte nichts. Ich verstand die Welt nicht mehr. Wie war das möglich? Warum hatte ich es nicht gespürt, dass es ihm so schlecht ging? Ich machte mir Vorwürfe und ließ unser letztes Treffen tausendmal in Gedanken Revue passieren. Hätte ich etwas sagen oder tun können, um zu verhindern, was geschah? Ich begann alles in Frage zu stellen. Meine Wahrnehmung, die Beziehungen in meinem Leben. Ganz langsam begann ein brennender Schmerz die Taubheit zu durchbrechen. Der Schock traf mich so tief, dass ich keine Träne vergoss, aber ich hatte Mühe zu atmen. Ich wollte schreien, bekam aber keinen Ton über die Lippen. Wie ein Echo klang es in meiner Seele: Er hat dich verlassen.

Der Tathergang war höchst seltsam. Marius hatte einen sehr guten Freund gehabt. Sie waren gemeinsam in einem Auto aus Windhuk heraus gefahren. Das Auto wurde später abgestellt auf einer Schotterstraße gefunden. Sein Freund saß tot darin – erschossen. Mein Bruder Marius muss zu Fuß zurück nach Windhuk gelaufen sein und hatte sich vor dem Altar in der katholischen Kirche einen Kopfschuss verpasst.

Tausend Mal bin ich in Gedanken durchgegangen, was passiert sein könnte. War mein Bruder nicht nur ein Selbstmörder, sondern auch ein Mörder? Unmöglich! Hatte er versucht, sich umzubringen? Hatte sein Freund versucht, ihn davon abzuhalten und die Kugel war losgegangen und hatte ihn getötet? Hatten sie es gemeinsam geplant? Ich legte mir eine Version zurecht, die ich ertragen konnte. Ich stellte mir vor, wie Marius' Freund im Spaß mit der Pistole hantierte und wie mein Bruder versuchte, sie ihm abzunehmen. Dabei löste sich ein Schuss. Und dieser tötete den Freund. Damit konnte mein Bruder nicht leben und so erschoss er sich selbst. Bis heute sind die wirklichen Umstände der Tat nicht geklärt.

Ich musste meine Mutter anrufen. Es war das zweite ihrer Kinder, das sich selbst das Leben genommen hatte. Was das für meine Mutter bedeutete, kann ich nur erahnen. Es muss furchtbar gewesen sein. Ihre Reaktion war jedoch beherrscht.

Für ein ganzes Jahr war die Geschichte in den Schlagzeilen. Die Zeitungen waren voll davon. Wie die Haie stürzten sich die Journalisten auf die spektakulären, ungeklärten Umstände des Doppelmordes. Da ich in Windhuk aufgewachsen bin, kam alles immer wieder wie ein Bumerang auf mich zurück.

Wieder war sie da.

Die Schande.

Die Scham.

Wieder fühlte ich fast körperlich die unsichtbaren Finger, die auf mich zeigten. Ich spürte förmlich, wie die Leute sich hinter meinem Rücken das Maul zerrissen. Jeder wusste davon. Hinzu kam, dass einer der besten Freunde meines Bruders diese Geschichte als Sensationsmeldung verkaufte und verbreitete. Er sprach davon, dass man Freundschaft und Geschäft trennen müsse. Zu meiner Bestürzung heiratete genau dieser Mann später auch noch meine beste Freundin Esther.

Das Leben wäre nur sehr schwer zu ertragen gewesen, hätte es nicht auch schöne Zeiten gegeben. Während meiner Arbeit in der Minenabteilung lernte ich einen jungen Mann kennen, Gerrit van der Heever, mit dem ich mich verlobte. Ich war jung, verliebt und wollte meiner Situation entfliehen. Er war ein Bauernsohn und auf dem Landwirtschaftscollege. Wir lernten uns über ein „Blind Date" kennen … Ich war ihm sofort verfallen. Und hinter dem Gefühl, verliebt zu sein, ließ sich vieles verbergen und verdrängen. Ich jagte den guten Gefühlen hinterher, die die Hormone in mir freisetzten. Ich wollte fliehen vor allem, was Realität war. Gerrit kreuzte gerade im rechten Moment meinen Weg. Genauso schnell wie wir jedoch füreinander entflammt waren, erlosch die Flamme auch wieder. Die Verlobung wurde nach einigen Wochen wieder gelöst, weil ich als Air-Hostess am Flughafen Arbeit fand und umzog. Armer Gerrit. Ich fürchte, ich habe ihm damals das Herz gebrochen. Aber darüber dachte ich zu der Zeit nicht viel nach. Ich musste leben, ließ mich treiben, nahm die Tage, wie sie kamen. Alles drehte sich darum, dass ich mich wohl fühlte.

Während der Arbeit am Flughafen lernte ich schließlich einen jungen Polizisten kennen: Neville Chapman. Er sah aus wie Marlon Brando und wusste um seinen Charme und seine Ausstrahlung. Er war humorvoll und attraktiv und immer im Zentrum der Aufmerksamkeit. Ich war gleichzeitig hingezogen und abgestoßen von ihm. Anfangs mochte ich ihn ganz und gar nicht. Ich hielt ihn für arrogant und aalglatt. Alle Frauen schauten ihm nach. Ich hingegen zeigte ihm bewusst die kalte Schulter. Es war von Anfang an ein Spiel, denn er reizte mich auch. Und so dauerte es nicht lange, bis er mich zu seinem Zielobjekt auswählte. Das Unerreichbare ist immer das Spannendste. Er wollte mich erobern. Ich ließ ihn zappeln, aber nie so sehr, dass er aufgegeben hätte. Sicher drei Monate ging dieses Spiel hin und her.

Eines Tages ertappte ich mich dabei, wie ich Ausschau nach ihm hielt, sobald ein Polizeiwagen vorbeifuhr. Ich horchte in mich hinein. Aus dem anfänglichen Spiel war wohl mehr geworden. Es hatte mich erwischt. Ich war verliebt. Doch ich zeigte es ihm nicht und behandelte ihn so, als sei es mir egal, was er von mir hielt.

Irgendwann machte Neville mich bei einem Cocktail mit einem jungen Piloten namens John bekannt. Neville machte sich einen Spaß und um mich aufzuziehen, schlug er John ein Date mit mir vor: Zu seiner Verblüffung sprang dieser sofort darauf an. John lud mich auf eine Party ein, und da ich gerne feierte und flirtete, ging ich mit. Außerdem war ich nicht bereit, Neville meine Gefühle einzugestehen. Ich kokettierte und verließ am Arm des jungen John die Veranstaltung.

Damit hatte Neville nicht gerechnet. Ich kehrte erst am nächsten Morgen zurück. Neville sah mich zurückkommen. Er hatte gehofft, ich würde das Angebot um seinetwillen ablehnen, und es machte ihn halb wahnsinnig, dass ich mitgegangen war. Mich am folgenden Morgen bester Dinge zurückkehren zu sehen gab dann den Ausschlag. Er erklärte sich mir sehr deutlich und so begannen wir endlich, wirklich miteinander auszugehen.

Er sah aus wie Marlon Brando

Und wenn ihr fragt: Warum? Weil der Herr Zeuge war zwischen dir und der Frau deiner Jugend, an der du treulos handelst, obwohl sie deine Gefährtin ist, die Frau, mit der du einen Bund geschlossen hast. Hat er nicht eine Einheit geschaffen, ein lebendiges Wesen? Was ist das Ziel dieser Einheit: Nachkommen von Gott.

(Maleachi 2, 14,15)

Nachdem ich mit dem Piloten ausgegangen war, gestand Neville mir seine Liebe, und wir wurden ein Paar. Das war Ende 1965 – ich war 19 Jahre alt. Ich fühlte mich wie im siebten Himmel. Endlich wurde ich geliebt. Ich wachte morgens fröhlich auf in der Erwartung, meinen Geliebten zu sehen, zu hören, anzufassen. Ich hatte keinen Hunger mehr, fühlte mich leicht und schön. Und das Leben machte plötzlich Sinn. Meine Minderwertigkeitsgefühle tauchten unter und ich fühlte mich angenommen und wichtig. Es war wirklich wundervoll. Ich hatte diesen fabelhaften, stattlichen Mann an meiner Seite – und er liebte MICH. Die Zukunft erschien mir großartig und ich genoss mein Leben in vollen Zügen.

Aber die Zeit der rosa Wolken sollte nicht lange anhalten. Viel zu schnell zeigte die Wirklichkeit wieder ihr hässliches Gesicht. Im März des folgenden Jahres entdeckte ich, dass Neville hinter meinem Rücken auch noch mit einem anderen Mädchen ausging.

Ich war wütend und außer mir.

Wie konnte er nur.

Nicht mit mir!

Ich ließ ihn kurzerhand stehen und brach die Beziehung ab.

Ich packte mal wieder meine Sachen und zog nach Kapstadt. Und da ich kein Kind von Traurigkeit war, tröstete ich mich bald mit einem anderen Mann: Alfredo. Er war Portugiese, 20 Jahre älter als ich und sehr gut zu mir. Ein wunderbarer Tänzer. Wir gingen viel tanzen und beim Rhythmus der Musik in seinen Armen vergaß ich Neville und alle meine Probleme. Aber ich wusste, dass Alfredo zu alt für mich war und dass es mit ihm nicht von Dauer sein würde. Und Neville ließ nicht zu, dass ich ihn komplett aus meinen Gedanken verbannte. Jede Woche kam ein Brief von ihm. Er konnte wunderschön malen und so zeichnete er die herrlichsten Dinge in die Briefe und auf die Umschläge. Er bettelte, dass ich zurückkäme. Er bestürmte mich, schwor, dass ich die Einzige für ihn sei, und er nur mich allein lieben würde. Seine Briefe waren wie der berühmte Tropfen, der den Stein aushöhlt. Irgendwann wurde ich weich und gab nach. Im Oktober beschloss ich, Alfredo zu verlassen, und zurück zu Neville nach Windhuk zu gehen … ein gebrochenes Herz mehr in meiner Sammlung.

Neville holte mich vom Flughafen in Windhuk ab. Gemeinsam mit all meinen Freunden stand er in der Ankunftshalle. Er hatte alle mobilisiert und aus meiner Rückkehr ein großes Fest gemacht. Als ich heraus kam, packte er mich und schwang mich wild im Kreis herum. Alle klatschten und johlten. Es war wundervoll. Wir fuhren in die Stadt mit hupenden Autos hinter uns; wir ganz im Glück. Noch am selben Tag bat er mich, seine Frau zu werden. Ich willigte ohne zu zögern ein. Vergessen war seine Untreue, vergeben die Vergangenheit. Blauäugig wie ich war, wollte ich nur das schöne Gefühl festhalten und nicht über Probleme nachdenken. Und es kam noch ein Aspekt hinzu, der meine tiefste Verunsicherung betraf. Neville zu heiraten würde bedeuten, einen neuen Namen zu bekommen. Einen Namen, dessen Ursprung ich kannte, den ich mir ausgesucht hatte. Ich konnte mir eine neue Identität schaffen.

Im Dezember hatte Neville einen Autounfall und wurde verletzt. Er brach sich das Schulterblatt. Während er sich erholte und nicht arbeiten konnte, beschloss er, seinen Vater in Südafrika zu besuchen. Am Tag bevor er ging, stand er vor meiner Tür, um sich zu verabschieden. Ich war noch immer erleichtert, dass ihm nichts Schlimmeres zugestoßen war. Und jetzt brach mein Verlobter auf und würde lange fort sein. Ich war verliebt und ich wurde schon wehmütig bei dem Gedanken, ihn so lange nicht bei mir zu haben. Das eine führte zum anderen und so warf ich schließlich meine Vorsätze über Bord und wir schliefen miteinander. Denn obgleich ich viel mit Männern ausgegangen war, hatte ich es niemals zuvor so weit kommen lassen. Zu präsent war das drohende Gesicht meiner Mutter, die mich davor gewarnt hatte, mich leicht wegzugeben, und mir alle möglichen Horrorszenarien ausgemalt hatte. In dieser Nacht jedoch kam so vieles zusammen, dass selbst der Geist meiner Mutter nichts dagegen ausrichten konnte.

Dieses eine Mal gab ich nach.

Und dieses eine Mal reichte aus.

Kurz darauf entdeckte ich, dass ich guter Hoffnung war. Guter Hoffnung? Dieser Ausdruck spottete meiner Situation. Es war im Januar 1967, ich war noch unverheiratet und schwanger. Eine Katastrophe. Ich war verzweifelt. Ich wusste nicht, wie ich damit umgehen sollte. Angst überfiel mich. Was, wenn Neville mich nun doch nicht heiraten würde? Es war eine Schande, vor der Hochzeit schwanger zu werden. Es würde getuschelt werden, Vermutungen von Mund zu Mund gereicht. Ich schämte mich in Grund und Boden. Immer wieder war es die Scham, die mich einholte. Es war, als könne ich ihr nicht entkommen. Dieses Mal auch noch selbst verschuldet, was die Sache noch schlimmer machte.

Mein Arzt erkannte meine Verzweiflung. Und er wusste Rat. Er sagte, er wisse jemanden, der mir mit einer Abtreibung helfen würde. Ich war sofort bereit. Ich wäre zu allem bereit gewesen, um der Schande zu entfliehen. Keine Sekunde dachte ich an das Kind, das in mir heranwuchs. Aber dann fragte der Arzt, wer denn der Vater des Kindes sei. Nur aus Interesse.

Das war ein Wink des Himmels. Ich erzählte es ihm. Er kannte Neville und beruhigte mich. Er versicherte mir, dass Neville ein anständiger Mann sei, und sagte, alles würde gut werden. Ich solle beruhigt nach Hause gehen und mit ihm darüber sprechen.

Hätte er das nicht gesagt, hätte ich das Kind wohl abgetrieben. Seine Worte retteten meinem Sohn Charl das Leben. Trotzdem weinte ich zwei Tage lang und rang innerlich immer wieder mit mir. Dann kam eine Tante von Neville zu mir zu Besuch. Sie war eine wunderbare Frau. Ich hatte schon früh Vertrauen zu ihr gefasst und konnte ihr nun die ganze Geschichte berichten. Sie machte mir bewusst, dass das Leben weiter ging und dass es Schlimmeres gab, als ein Kind von einem Mann, der einen liebt, zu erwarten. Ehe hin oder her. Sie machte mir Mut und zeigte mir den Wert des Lebens, das in mir heranwuchs. Sie riet mir, Neville einen Brief zu schreiben, was ich dann auch tat. Ich litt Höllenqualen in den paar Tagen, die der Brief brauchte, um sein Ziel zu erreichen. Innerlich malte ich mir alle seine schrecklichen, unversöhnlichen Reaktionen aus.

Neville kam ohne zu Zögern zurück, nachdem mein Brief ihn erreicht hatte. Ich war unglaublich angespannt, als ich ihn vom Flughafen abholte. Ich wusste nur, dass er kam, aber nicht, wie er reagieren würde. Es war überraschend und wunderschön.

Er packte mich und wirbelte mich herum und jubelte über das Baby. Er war überglücklich, drückte mich an sich und nahm mir all meine Angst. Ich war so erleichtert, dass mir die Tränen kamen.

Unsere Hochzeit wurde vorverlegt und wir heirateten noch in derselben Woche standesamtlich. Nur mit der Familie und ein paar engen Freunden. Kirchlich heirateten wir nicht. Das tat mir weh, da es immer ein Traum von mir gewesen war, im weißen Kleid vor dem Altar zu stehen.

Ein geraubter Traum.

Aber ich hatte mich selbst beraubt.

Und ich wusste es.

Da wir nichts besaßen, zogen wir zu seiner Mutter. Wir bekamen ein kleines Zimmer in ihrer Wohnung. Neville war riesig groß und wir teilten uns ein schmales Bett. Man kann sich leicht vorstellen, dass das mit meinem wachsenden Bauch keine reine Freude war. Aber es war alles, was wir brauchten. Wir waren jung und in der Lage, das Schöne an unserem Leben zu sehen und zu feiern. Naiv lebte ich in den Tag hinein.

Einen Monat vor dem Geburtstermin bezogen wir dann unsere erste eigene Wohnung. Ich war selig. Ich liebte meinen Mann, freute mich auf mein Kind und konnte meine eigenen vier Wände einrichten. Am 9. September 1967 kam dann mein Sohn Charl auf die Welt. Ich hatte keine Ahnung, was auf mich zukommen würde. Niemals hatte meine Mutter oder jemand anderes mit mir darüber gesprochen. Ich lag 23 Stunden in den Wehen und war gänzlich unvorbereitet auf diese unbeschreiblichen Schmerzen. Neville wich in dieser Zeit nicht von meiner Seite. Er wollte bei der Geburt dabei sein, aber das wurde nicht zugelassen. Als das Kind nach langem Pressen und Stöhnen kam, wurde er hinausgeschickt, weil die Ärzte zu viele Erfahrungen mit ohnmächtigen Vätern gemacht hatten. Er war aufgebracht. Aber als ihm wenig später das kleine Bündel brüllenden Lebens in die Arme gedrückt wurde, war seine Wut verflogen.

Charl war ein goldiges Baby; ein ruhiges, kleines, süßes Ding. Ich hatte keine Erfahrung mit Kindern. Also hatte ich während der Schwangerschaft alles über Kindererziehung gelesen und war jetzt voller Enthusiasmus, gewillt, alles umzusetzen. Ich stillte und war ganz auf den kleinen Engel konzentriert. Wenn er weinte, wollte ich mitweinen. Wenn er schlief, schlief auch ich. Wenn er wach war, war ich die ganze Zeit mit ihm beschäftigt. Leider musste ich bereits nach zwei Monaten wieder arbeiten gehen.

Ich brauchte Hilfe.

Also zog meine Mutter zu uns, um sich um ihn zu kümmern. Ich hatte sehr mit mir gerungen, ob das eine gute Idee sei, aufgrund der Umstände verwarf ich jedoch meine Bedenken. Wenn meine Mutter sich in den Kopf setzte, dass ich Hilfe brauchte, dann war sie so oder so nicht davon abzuhalten. Sie kam einfach, und damit war es beschlossene Sache.

Und wie sich herausstellte, war sie sehr gut im Umgang mit meinem Sohn. Sogar liebevoll. So hart sie mit mir gewesen war, so weich war sie mit ihm. Es ist ein sonderbares Phänomen – die Liebe zwischen Großeltern und ihren Enkeln. Ich war in den ersten Tagen nach ihrer Ankunft einfach nur erleichtert. Aber meine Mutter war wie sie war und so begann sie in kürzester Zeit, unseren kleinen Haushalt zu regieren. Die Schlangentöterin war bei uns eingezogen und keiner konnte ihr ausweichen. Ich mutierte von Frau und Mutter sofort wieder zur widerspruchslosen Tochter. Die Anwesenheit meiner Mutter brachte meine Ehe erheblich in Gefahr. Sie begann zu bestimmen, was und wann wir aßen, und äußerte ungefragt ihre Meinung zu jedem Thema. Unsere Zeit ehelicher Zweisamkeit schrumpfte auf ein Mindestmaß. Da sie auch extrem sparsam war, durften wir uns plötzlich keinen Luxus mehr leisten. Und mein Mann beklagte sich immer öfter, dass ich mehr auf meine Mutter hörte als auf ihn. Das war nur logisch. Denn vor meiner Mutter hatte ich Angst, vor meinem Mann nicht.

Nach einem Jahr hatte Neville die Nase voll und stellte mich vor die Entscheidung:

„Entweder sie geht oder ich gehe."

Es kostete mich all meinen Mut, meine Mutter damit zu konfrontieren. Es war das erste Mal in meinem Leben, dass ich mich gegen sie wehrte und aufbegehrte. Tagelang schob ich die Konfrontation vor mir her. Neville im Nacken. Aber es war klar, dass sie gehen musste. Ich durfte, nein, ich konnte Neville nicht verlieren. Als ich sie endlich zur Rede stellte, nahm sie es erstaunlich gelassen und ging einfach. Sie war nie eine Frau vieler Worte gewesen, sondern eine Frau der Tat. Obgleich sie bestimmt verletzt war, war sie zu stolz, um es zu zeigen. Sie nahm es mir jedoch nicht übel. Bei allem, was über meine Mutter zu sagen ist: nachtragend war sie nicht.

Danach musste ich Charl regelmäßig zu einer Kinderfrau bringen. In eine Art Krabbelgruppe. Das mochte der Kleine gar nicht. Er schrie und wehrte sich – ich fuhr öfters weinend zur Arbeit, weil ich es kaum aushalten konnte, ihn dort zurück zu lassen. Aber Neville verdiente als Polizist einfach zu wenig, und so war es unumgänglich, dass ich ebenfalls arbeitete.

Mein Mann war sehr begabt. Er war ausgesprochen kreativ und spielte zeitweise in kleinen Theaterstücken mit. Er malte phantastisch und war ein Virtuose auf dem Klavier. Schließlich begann er Orgel zu lernen und spielte auf Tanzpartys, um etwas dazu zu verdienen. Er tat sein Bestes, um gut für uns zu sorgen. Und er war ein hingebungsvoller Vater, was mich regelmäßig dahinschmelzen ließ. Da er ein höheres Gehalt angeboten bekam, nahm er schließlich einen Posten als Diamanteninspektor an. Das war kein leichtes Jahr für mich. Er durfte mir nie sagen, wo er gerade war. Der Job war gefährlich, und ich bangte immer um sein Leben. Die Diamantenschmuggler waren skrupellos. Er war manchmal wochenlang weg, und ich wusste nicht, ob er noch lebte oder nicht. Einmal war er für drei Monate weg, und ich litt Höllenquallen. In meiner blühenden Phantasie sah ich ihn auf die verschiedensten, spektakulärsten Weisen ums Leben kommen.

Neville war eigentlich immer fröhlich und jeder erlag seinem Charme innerhalb kürzester Zeit. Er hatte einen wunderbaren Humor und auf Partys stand er immer im Mittelpunkt. Er war zuvorkommend und liebevoll. Wenn es etwas gab, das er nicht ertragen konnte, war das Disharmonie. Wenn es zwischen uns Unstimmigkeiten gab, dann war es immer er, der zuerst um Vergebung bat, da er die Anspannung nicht aushalten konnte. So bezog er niemals einen festen Standpunkt – war immer bereit nachzugeben. Ich konnte ihn auf diese Weise sehr gut manipulieren. Da er überhaupt nicht mit Geld umgehen konnte, fiel es mir zu, mich darum zu kümmern, dass alle Rechnungen bezahlt und die Konten geführt waren. Er war ein Lebemann, ein Sunnyboy – die Verantwortung musste ich tragen.

1970, am 3. April, kam unser zweiter Sohn Glenn zur Welt. Aus irgendeinem Grund wollte Neville sehr gerne ein Mädchen haben. Schon während der Schwangerschaft sprach er immer von seiner Tochter. Er hatte bereits einen Namen für sie:

„Junelle“ – eine Mischung aus unseren Namen.

Immer wieder nahm er mich während der Schwangerschaft in die Arme, schwang mich umher und sang seinem „Töchterchen“ etwas vor.

Als der Arzt den kleinen Jungen auf die Welt beförderte, starrte Neville in ungläubig an.

„Oh no … it's a Boy“, entfuhr es ihm.

Die Enttäuschung war ihm deutlich anzumerken.

Glenn rächte sich für diese erste Ablehnung auf seine ganz eigene Art. In dem Moment, in dem Neville ihn hoch hielt und sein Geschlecht beklagte, pinkelte Glenn ihn und den Arzt in hohem Bogen an. Damit hatte er seinen Spitznamen weg: „Stinky“.

Kurz nach Glenns Geburt kam meine älteste Schwester Ella aus Johannesburg zu Besuch. Zum ersten Mal hatten wir eine richtige schwesterliche Beziehung. Ich war älter geworden und wir konnten von Frau zu Frau sprechen. Ich konnte ihr von meiner Ehe und meinen Kindern erzählen. Sie hörte mir zu und sie verstand mich. Und sie erzählte mir zum ersten Mal von den Schwierigkeiten in ihrer Ehe. Ich erinnerte mich noch ganz klar an ihren Mann und die Angst, die ich vor ihm gehabt hatte. Jetzt sprach sie über ihn. Aber obgleich Ella es mit ihrem Mann sehr schwer hatte, liebte sie ihn doch und konnte und wollte ihn nicht verlassen. Und je mehr sie mir erzählte, desto mehr konnte ich Verständnis dafür aufbringen.

Ich genoss es, meine Schwester besser kennen zu lernen und auch, dass sie mich in ihr Vertrauen zog. Es sollte das letzte Mal gewesen sein, dass ich sie lebend sah.

Wenig später erkrankte sie an Magenkrebs. Das geschah ganz plötzlich. Und es ging dann sehr schnell bergab mit ihr. Innerhalb von drei Monaten war sie tot. Meine Mutter war bei ihr, als sie starb. Sie rief mich an, um mir die Nachricht mitzuteilen. Die

Stimme meiner Mutter klang emotionslos. Das Telefonat war kurz und sie beschränkte sich auf die Fakten. Nachdem sie aufgelegt hatte, saß ich noch eine ganze Weile da und starrte einfach nur die Wand an. Ich hatte gewusst, dass es mit Ella zu Ende ging, aber es tat unglaublich weh. Ich hatte keine Chance bekommen, mich von ihr zu verabschieden. Es gab niemanden, mit dem ich meine Trauer hätte teilen können. Neville nahm zwar Anteil, konnte mich aber nicht trösten. Wieder war eines meiner Geschwister gestorben, kaum dass ich eine gute Beziehung mit ihm begonnen hatte. Es war wie ein Fluch. Ich war evangelisch aufgewachsen und kannte einen strafenden Gott. Ich fragte mich immer wieder, was meine Familie wohl verbrochen hatte, um dieses Schicksal zu verdienen. Und ging es mir einmal gut, dann hatte ich beinahe ein schlechtes Gewissen dabei und fürchtete mich bereits vor dem Moment, in dem es mir wieder genommen werden würde. Das entsprach meiner Erfahrung. So hatte ich es erlebt. Und ich kannte es nicht anders. Aber es beschäftigte mich nach Ellas Tod doch sehr. Warum musste dieses Schicksal gerade meine liebenswürdige Schwester treffen? Sie war ein wunderbarer Mensch gewesen und hatte es nicht verdient, so zu sterben. Obgleich es mich eine Weile sehr beschäftigte, verdrängte ich das Thema schnell wieder. Ich wollte und ich konnte mich nicht damit auseinandersetzen.

Meine Ehe mit Neville schien gut zu laufen. Wir stritten uns sehr selten, was aber auch daran lag, dass Neville, wie gesagt, keinen Streit aushielt und deswegen stets gleich einlenkte. Wir versöhnten uns immer sehr schnell. Als ich 25 Jahre alt war, zogen wir in ein Haus. Das war wunderbar – ein richtiges eigenes Heim. Ich hatte mir immer einen Ort gewünscht, den ich Zuhause nennen konnte. Wir waren in diesen Jahren sehr sozial engagiert. In Clubs und Projekten. Ich arbeitete damals in einer Bank und war

Abteilungsleiterin. Den Jungs ging es gut und auch wenn sie viel miteinander kämpften, waren sie uns doch eine Freude. Nevilles Mutter zog zu dieser Zeit nach Swakopmund. Dort hatte sie ein Haus an der Küste, in dem wir Urlaub machen konnten. Einmal machten wir einen herrlichen Ausflug nach Johannesburg und als Andenken kaufte ich mir einen lachenden, fetten Buddha. So schien alles sehr rosig und gut. Und der dicke, kleine grinsende Buddha war ein Symbol dafür.

Aber mein Leben wäre nicht mein Leben, wenn es tatsächlich dabei geblieben wäre. Nachdem wir von unserem Kurzurlaub zurückkamen, besuchte mich meine Mutter. Als sie den Buddha sah, wurde sie wütend und wollte, dass ich ihn weggab. Sie schimpfte ihn einen Götzen und sagte mir, dass ich damit Fluch in mein Haus gebracht hätte. Ich lachte sie innerlich aus. Laut zu lachen hätte ich nie gewagt. Ich meinte, dass ich daran nicht glaube und die Statue ja nicht anbeten würde. Ich ignorierte ihren Ausbruch und behielt meinen Buddha.

In dieser Zeit verließ Neville die Diamanteninspektion und arbeitete fortan als Journalist. Dort verdiente er besseres Geld und konnte seiner Kreativität nachgehen. Er arbeitete bei derselben Zeitung, in der damals der Selbstmord meines Bruders breitgetreten worden war. Meine beste Freundin Esther war mittlerweile mit Smitty, dem Herausgeber, verheiratet. Dieser Schatten hing über uns, aber ich beachtete ihn nicht weiter.

Esther und ich sahen uns viel. Sie hatte ebenfalls Kinder und unsere Freundschaft war innig und eng wie eh und je. Neville war durch seinen neuen Job viele Abende unterwegs: auf Cocktails und Partys. Er schrieb für die Gesellschaftsseite der Zeitung und musste sich auf dem Laufenden halten. Das war ganz sein Metier. Er ging darin vollkommen auf. Aber wir begannen aneinander vorbei zu leben, ohne dass ich es wirklich wahrnahm.

Denn ich hingegen war so mit meiner Arbeit, dem Haus und den Kindern eingebunden, dass mir nicht auffiel, dass zwischen uns etwas nicht mehr stimmte.

Anfang 1976 sagte er mir eines Tages, er wolle mit mir reden.

Es war ein Sonntagmorgen.

Er bat mich ins Wohnzimmer zu einem Gespräch.

Das kam mir schon etwas eigenartig vor, aber ich machte mir keine weiteren Gedanken.

Dann stand er da.

Mitten im Raum.

Er sah mich an und sagte: „Juliana, ich will dich nur informieren. Ich werde dich verlassen. Ich liebe dich nicht mehr."

Das traf mich wie ein heftiger Schlag aus dem Nichts.

Ich war fassungslos.

Ich hatte es nicht kommen sehen. Ich fragte sofort, ob es eine andere Frau gäbe. Das verneinte er. Es sei nur, dass er keine Gefühle mehr für mich habe. Ich war total vor den Kopf gestoßen. Noch eine Woche zuvor waren wir mit den Jungs im Autokino gewesen – knutschend. Die Jungs kichernd auf der Rückbank. Es war, als hätte er mir nun einen Eimer eiskaltes Wasser über den Kopf geschüttet. Am gleichen Tag zog er aus. Er war nicht zu berühren, nicht zu erreichen – erkaltet. Ich zwang ihn, die Kinder selbst zu informieren. Glenn begriff noch nicht viel, aber Charl weinte furchtbar.

Meine Welt brach zusammen.

Ich stand inmitten eines großen Scherbenhaufens. Ich informierte seine Mutter, die sofort kam. Vielleicht konnte sie ihn zur Vernunft bringen. Sie sprach mit ihm. Ich wollte ihn zurück. Ich wusste nicht, was schiefgelaufen war. Aber sie erreichte nichts. Neville stellte auf Durchzug. Seine Mutter blieb für zwei

Wochen. Eine Woche später starb sie an einem Schlaganfall. Die Hiobsbotschaft war für sie wohl zu viel gewesen. Ich stolperte an einem der folgenden Tage über meinen Buddha und fragte mich plötzlich, ob an der Warnung meiner Mutter etwas dran gewesen war. Der Gedanke ließ mich nicht mehr los. Ich brauchte einen Schuldigen. Ich erkundigte mich bei einer Kollegin, die gleich Rat wusste. Sie meinte, man dürfe einen Buddha nicht kaufen, sondern müsse ihn geschenkt bekommen. Sonst bringt er Unglück. Ich lachte und schenkte ihn ihr. Drei Wochen später wurde sie von ihrem Mann verlassen. Ich konnte es kaum fassen. Aber ich verdrängte, was sich ereignet hatte. Es war zu absonderlich.

Wiederum eine Woche später hörte ich, dass es doch eine andere Frau in Nevilles Leben gab – seine neue Sekretärin. Ich war ein wandelndes Chaos. Erst war ich wie gelähmt, dann wurde ich wütend. Ich konfrontierte diese Frau, sagte, sie solle ihn um der Kinder willen aufgeben. Ich wollte meinen Mann zurück haben. Ich wollte mein altes Leben zurück. Schließlich fuhren wir zusammen auf die Beerdigung seiner Mutter. Ich hoffte, es würde in ihm etwas anrühren. Aber dann geschah etwas in mir. Ich betrachtete ihn von der Seite und begriff, dass er bereits ein Fremder für mich geworden war.

Eine Woche später verkündete Neville, er käme zu mir zurück. Ich glaubte ihm nicht so recht, aber ich ließ ihn kommen. Er war ein paar Tage da. Vor allem unser Sohn Charl freute sich sehr. Er war erst sieben Jahre alt und verstand nicht, warum sein Vater uns verlassen wollte. Als Neville wieder einzog, schien die kleine Kinderwelt meines Sohnes wieder in Ordnung. Aber dann verließ er uns wieder. Und dieses Schauspiel wiederholte sich viele Male. Er kam und er ging wieder. Hoffnung folgte auf Enttäuschung. Da ging es meinen Söhnen nicht viel besser als mir. Es war schlimm für mich, aber innerlich hatte ich mich bereits von ihm verabschiedet. Viel schlimmer war, was dieses Spiel mit meinen Söhnen anstellte. Es war, als würde ihren kleinen Seelen Gewalt angetan.

Eines Tages, Neville war gerade wieder bei uns eingezogen, lag er neben mir im Bett und sagte plötzlich sinnierend: „Weißt du, wenn ich bei dir bin, sehne ich mich nach ihr. Wenn ich bei ihr bin, sehne ich mich nach dir." Das war der Tropfen, der das Fass zum Überlaufen brachte. Ich wurde so wütend, dass ich ihn auf der Stelle und diesmal endgültig rausschmiss. Kurz darauf reichte ich die Scheidung ein.

Und dann kam Terence Hill

Kraftlos bin ich und ganz zerschlagen,
ich schreie in der Qual meines Herzens.
(Psalm 38, 9)

Ich zog mit den beiden Buben nach Kapstadt, um ein neues Leben anzufangen. Da jeder in Windhuk uns kannte, musste ich fort. Neville und ich waren viel unterwegs gewesen, kannten viele Menschen und ich wusste, dass man über uns sprach. Wieder war es die Schande, die an mir haftete wie Pech. Ich war von meinem Mann verlassen worden. Und er hatte mich mit einer anderen Frau betrogen. Ob mit böser Absicht oder nicht, die Leute sprachen auf jeden Fall darüber, und das hasste ich. Man könnte meinen, ich sei das Opfer gewesen, und hätte demnach Unterstützung und Mitleid erfahren müssen. Aber dem war nicht so.

Und so ließ ich einfach alles zurück. Ich wollte nur weg. Ich packte meine beiden Kinder ins Auto und fuhr nach Kapstadt. Ich werde diese Autofahrt nie vergessen. Wir hatten zwei Landkarten: eine für die Strecke vor der Grenze und eine für die danach. Mein kleiner Sohn Charl saß auf dem Beifahrersitz, die Karten ein Chaos auf seinem Schoß. Wir fuhren über die Grenze, als Charl irgendwann sein Fenster öffnete. Da gab es einen Windstoß und eine der Karten flog davon. Ich fuhr einfach weiter und achtete nicht weiter darauf. Ich dachte, es sei die Karte von der Strecke, die bereits hinter uns lag, hinausgeflogen.

Als ich dann jedoch nachschauen wollte, wie wir weiter fahren mussten, stellte ich fest, dass die Karte fehlte, auf der der Rest der Strecke verzeichnet war.

Ich fuhr zu Charl herum und ließ meine ganze Wut an ihm aus. Ganz gefangen in meinem eigenen Schmerz schimpfte ich furchtbar mit ihm. Er saß ganz klein neben mir auf dem Beifahrersitz, sah mich mit großen Augen erschrocken an und kämpfte mit den Tränen. Das Herz meines Sohnes war bereits gebrochen, weil sein Vater ihn verlassen hatte. Und nun schimpfte ich wie eine Furie wegen einer blöden Karte. Etwas in ihm zerbrach an diesem Tag. Sein Schmerz und der Umstand, dass wir nun keine Karte mehr hatten, waren wie ein Symbol für unser Leben. Wir wussten nicht, wohin, waren orientierungslos, verletzt und verloren.

Mit viel Mühe gelangten wir schließlich nach Kapstadt. Dort schlugen wir uns durch, bis ich eine Arbeit in einem Wellnesshotel fand. Mein Bruder Bertie half mir, mich zu etablieren und so gut es ging, Boden unter den Füßen zu gewinnen. Die Buben gingen wieder in die Schule und sehr langsam begann unser Leben, in normalen Bahnen zu verlaufen. Ich verdrängte alle Gedanken an Windhuk und meine gescheiterte Ehe. Nach sechs Monaten bekam ich eine bessere Arbeit als Pressevertreterin auf einem Weingut angeboten. Es schien aufwärts zu gehen.

Doch dann, als sich gerade alles etwas beruhigt hatte, trat Neville wieder in unser Leben. Ich dachte, ich hätte ihn für immer hinter mir gelassen. Aber das stimmte nicht. Er stand eines Tages einfach vor unserer Tür. Ich sah ihm sofort an, dass es ihm nicht gut ging. Er hatte Ringe unter den Augen und sah blass und müde aus. Und Neville machte auch kein Hehl aus seinem Unglück. Er flehte mich an, zu ihm zurück zu kommen.

„Juliana, ich vermisse euch so sehr. Ich kann ohne euch nicht leben!“ Mit seinen großen Augen sah er mich an. Und ich wollte dem Schmerz glauben, den ich sah.

„Und was ist mit ihr? Der anderen?“

Ich konnte nicht einmal ihren Namen aussprechen.

„Neville – wie kann ich dir jemals wieder vertrauen, nach dem, was passiert ist?"

Ich sah ihn auffordernd an. Er begann wieder zu flehen und beteuerte, dass er sich geändert habe. Die Frage hing im Raum und obwohl ich nicht wirklich eine Antwort bekam, wurde mein Herz weich. Er war der Vater meiner Kinder. Ich WOLLTE einfach glauben, was er sagte. Aber eines wusste ich genau: Nach Windhuk, dem Ort meiner beständigen Schande, würde ich niemals mehr zurückkehren. Ich sagte ihm, er solle alles aufgeben und nach Kapstadt kommen, wenn er wirklich wollte, dass unsere Ehe noch einmal eine Chance verdiente. Um der Kinder willen war ich bereit, ihm diese Gelegenheit zu geben. Aber ich wollte auf keinen Fall riskieren zurückzukehren, nur um wieder enttäuscht zu werden.

Es kam, wie es kommen musste. Nach Kapstadt wollte er nicht. Er sprach von seinem Beruf und seinem Haus und all dem, was er aufgeben müsste.

Und dann kehrte er nach Windhuk zurück.

Vier Monate später heiratete er die andere Frau.

Zwei Monate nach seiner Hochzeit rief er mich wieder an. Ich ahnte schon, was jetzt kommen würde, und wappnete mich innerlich. Er sagte, er habe den größten Fehler seines Lebens gemacht. Erneut begann er zu flehen und zu betteln.

Dieses Mal jedoch blieb ich hart:

„Du hast dir dein Bett so gemacht, jetzt musst du auch darin schlafen", antwortete ich kalt und legte auf.

Ich konnte kein Mitleid mehr aufbringen. Mein Leben war weiter gegangen. Ich hatte die letzten Wochen und Monate nicht trauernd und weinend verbracht. Das war nicht meine Art. Ich war auf eine Farm in der Nähe von Dellheim gezogen – nahe bei meiner Arbeitsstelle. Und als ich mich dort niederließ, zog meine Mutter, die keine Arbeit hatte, wieder zu mir. Es hatte Wochen und Monate gegeben, in denen ich mit meiner Mutter kaum Kontakt hatte. Plötzlich war sie dann wieder da. Unsere Beziehung war und blieb schwierig, aber sie half mir mit den Kindern, während ich arbeitete. So sehr ich selbst unter meiner Mutter gelitten hatte, meine Söhne liebten sie. Und auf ihre Weise verlieh sie unserer Situation Stabilität.

Was meine Entschlossenheit gegenüber Neville bekräftigte, hatte jedoch einen weiteren Grund.

Ich hatte einen anderen kennengelernt: George Bosma.

Den Mann mit den schönsten blauen Augen, die man sich vorstellen kann.

Meine Schwester Fay arbeitete zu der Zeit im Beverly-Hills Hotel. Ich besuchte sie eines Tages und da begegnete ich George. Er war geschäftlich dort und kam die Treppe des Hotels hinunter, als wir uns sahen. Es war Liebe auf den ersten Blick. Ich weiß noch genau, wie ich ihn auf mich zukommen sah. Ich ging um mein Auto herum und schaute auf. Wir sahen uns an und die Luft knisterte, noch ehe das erste Wort gesprochen war.

George lebte in Kapstadt, war Holländer, aber bereits 20 Jahre lang in Südafrika. Er war neun Jahre älter als ich und ebenfalls geschieden. Meine Mutter mochte George von Anfang an nicht. Das ging so weit, dass sie sagte:

„Wenn er den Fuß auf diese Farm setzt, dann werde ich ihn erschießen."

Dennoch war er viel bei uns. Manchmal kletterte er heimlich nachts durchs Fenster herein und verließ mich so früh, dass meine Mutter es nicht bemerkte. Wir kicherten beim Gedanken daran, dass meine Mutter ihn erwischen könnte, und fühlten uns unbeschwert wie Teenager. Er war ein lustiger, sehr charmanter Mann, der auch gerne einmal einen über den Durst trank. Dabei wurde er dann immer fröhlicher und liebevoller.

1979 heirateten wir in Stellenbosch. Wieder war es nur eine standesamtliche Hochzeit, aber den Traum in Weiß hatte ich längst aufgegeben. Meine Mutter war so sauer, dass sie drohte nicht zur Hochzeit zu kommen. Sie kam schließlich doch, aber sie wurde niemals wirklich warm mit George. Gemeinsam zogen wir in sein Haus in Kapstadt. Meine Mutter bekam wieder Arbeit und unsere Wege trennten sich.

Die nächsten Monate unserer Ehe waren absolut himmlisch. George war der reizendste Ehemann, den man sich vorstellen kann. Liebevoll, zuvorkommend, unterhaltend und vieles mehr. Und mit seinen wundervollen blauen Augen konnte er mich einfach davontragen, so dass ich ihm ohne Widerstand ergeben war. Aber es war mehr als das. Wir hatten eine echte, liebevolle und wunderbare Beziehung. Ich konnte über alles mit ihm sprechen und spürte eine emotionale Nähe zu ihm, die ich bislang nicht gekannt hatte. Der siebte Himmel war meine Gegenwart, und ich fühlte mich glücklicher, als ich es je mit Neville gewesen war.

Endlich war ich angekommen.

Es war beinahe zu schön, um wahr zu sein.

Eines Tages lud Georges bester Freund uns zu einem Grillfest ein. Es fand in einem schönen, beleuchteten Garten statt. Ich genoss die netten Menschen, gute Gespräche und die fröhliche Atmosphäre. Es war am Pool, als zwei von Georges Freunden begannen, mich zu necken. Wir lachten und machten Witze. Ich genoss ihre Aufmerksamkeit und ließ mich gerne auf den Spaß ein. Schließlich kippten sie mich samt Stuhl in den Pool. Pudelnass kletterte ich aus dem Pool, lachte laut und fand es eher amüsant als schlimm. George war darüber aus irgendeinem Grund so wütend, dass wir nach Hause gehen mussten.

An diesem Abend wachte ich brutal aus meiner rosa Welt auf. Es zeigte sich, dass Georges Wut gegen mich gerichtet war, weil ich Spaß mit seinen Freunden gehabt hatte. Es stellte sich heraus, dass er extrem eifersüchtig war. Ich war wie vor den Kopf geschlagen. Er schimpfte und wütete. Ich sah mich einem Mann gegenüber, den ich so nicht kannte.

Von diesem Tag an ging für mich die Ehehölle los. Es war, als hätte jemand einen Schalter umgelegt. George trank mehr und mehr und wurde von Tag zu Tag aggressiver. Er war eifersüchtig auf jeden Mann, mit dem ich auch nur sprach. Und was noch schlimmer war, er war eifersüchtig auf meine Söhne. Er konnte es nicht ertragen, wenn ich liebevoll mit ihnen umging. Und wenn ich es tat, bekamen sie es zu spüren. Er beschimpfte sie, machte sie klein. Ich versuchte immer den Frieden wieder herzustellen, was aber nicht wirklich funktionierte. Ich war hin und her gerissen zwischen diesem Mann, den ich liebte, und meinen Kindern. Er erhob niemals seine Hand gegen uns, aber seine Worte waren hart wie Stahl und schlimmer, als Schläge hätten sein können. Wenn er in solchen Stimmungen war, immer betrunken, hatte ich richtiggehend Angst vor ihm. Oft packte ich meine Kinder hastig ins Auto und floh zu meinem Bruder Hendrik nach Kapstadt. Jedes Mal wenn ich die Sachen packte, hofften meine Söhne, wir würden George für immer verlassen. Aber ich konnte ihn nicht verlassen. Ich kehrte immer wieder zu ihm zurück. Die Morgen, die seinen Ausbrüchen folgten, waren jedes Mal voller Reue. Nüchtern war er immer noch der angenehmste und sorgsamste Mann, den man finden konnte. Und ich konnte nicht anders, als ihm immer wieder zu vergeben. Ich liebte ihn wirklich. Wäre der Alkohol nicht gewesen, hätte ich mir keinen besseren Mann wünschen können. Aber seine Alkoholabhängigkeit wuchs zu einer beständigen Belastung. Sollte es mir denn niemals vergönnt sein, zu Hause anzukommen, Frieden in meinem Leben zu finden?

Häufig brauchte ich Hilfe und manchmal musste ich einfach mit jemandem sprechen. Georges Exfrau wohnte nur drei Straßen von uns entfernt. Einmal ging ich in meiner Verzweiflung zu ihr. Und da erzählte sie mir von der Hölle, die sie neun Jahre mit ihm durchgemacht hatte. Sie verstand mich, denn sie kannte George gut. Sie wusste um seinen Charme, seine blauen Augen. Und sie verstand meine Angst, wenn er betrunken war. Er war eindeutig Alkoholiker. Sie war dort gewesen, wo ich jetzt war. Und es tat so gut, mit ihr zu sprechen. Wir wurden gute Freunde, und ich konnte immer wieder zu ihr flüchten. George wusste davon nichts.

Es war während dieser Zeit, dass meine Schwester Fay an Rückenmarkkrebs erkrankte. Sie lebte nicht weit von uns entfernt und so ging ich sie öfter besuchen. Anfang 1980 wurde die Krankheit diagnostiziert und die Ärzte stellten fest, dass sie nichts mehr für sie tun konnten. Ich besuchte sie von da an regelmäßig. Und obgleich sie diejenige war, die Unterstützung gebraucht hätte, heulte ich mich bei ihr über meine schreckliche Ehe mit George aus. Immer war ich diejenige, die sprach. Sie sprach nie über sich selbst, hörte mir unermüdlich und liebevoll zu. Und sie tröstete mich und sprach mir Mut zu.

Sie nahm immer mehr ab und bestand irgendwann nur noch aus Haut und Knochen. Aber unsere Beziehung nahm zu und wurde eng. Drei Tage bevor sie starb, erzählte sie mir von dem Haus, das sie immer haben wollte. Sie war sicher, dass sie im

Himmel darin wohnen würde. Zum ersten Mal sprach sie von sich selbst und ihren Träumen.

Dann starb sie.

Und wieder hatte ich eines meiner Geschwister verloren, kaum dass wir eine Beziehung zueinander hatten aufbauen können.

Kurz danach rang ich mich dazu durch, George zu verlassen. Ich hielt es einfach nicht mehr aus. Ich war am Ende meiner Kraft und meiner Nerven angekommen. Ich konnte nicht ohne ihn, aber auch nicht mit ihm leben. Diese Zerrissenheit war nicht zu ertragen. Es war, als teilte ich mein Leben mit Dr. Jekyll und Mr. Hyde. Sobald ich meinen Entschluss gefasst hatte, ging alles sehr schnell. Innerhalb von drei Wochen war ich aus Gründen der Unvereinbarkeit geschieden.

Wieder musste ich umziehen und alles hinter mir lassen, meinen Koffer und den meiner Kinder packen und ein neues Leben beginnen. Man könnte meinen, dass man sich an ein solches Vagabundenleben gewöhnt. Aber das ist nicht der Fall. Jedes Mal ging es mit Trennung, Verlust und Schmerz einher. Meine Kinder wurden immer wieder entwurzelt. Sie mussten die Schule wechseln, neue Freunde finden und sich an neue Lehrer gewöhnen. Sie waren noch jung, aber die vielen Wechsel waren auch für die beiden schwer zu ertragen. Mein altes Leben lag einmal mehr in Scherben hinter mir.

Ich zog in ein Haus, in einem anderen Bezirk und schickte Charl und Glenn in ein Internat. Der Staat kam für Schule und Unterkunft auf, da ich eine allein erziehende Mutter war. Meine Buben stritten damals wie die Tiere und ich wurde nicht mehr mit ihnen fertig. Sie hätten einen guten, strengen Vater gebraucht.

Ich konnte das nicht kompensieren. Ich wusste mir nicht anders zu helfen, als sie ins Internat zu stecken. Beide wurden immer rebellischer und zogen sich mehr und mehr von mir zurück. Langsam, aber unaufhaltsam entstand eine tiefe Kluft zwischen uns. Ich fühlte mich an die Wand gedrängt und wie ein Versager auf ganzer Linie. Ich konnte keine Ehe führen und nicht für meine Kinder sorgen. Mein Inneres war leer – ich hatte nichts mehr zu geben. Ich war dabei, endgültig abzustürzen.

Nach ein paar Monaten stand George wieder vor meiner Tür. Er war völlig zerknirscht und reumütig. Im Nu hatte er mich wieder um den Finger gewickelt. Im Oktober 1981, ein Jahr nachdem wir geschieden worden waren, hatte er tatsächlich aufgehört zu trinken. Und für drei Monate trank er auch wirklich nichts. Er begann mich zu besuchen und wieder um mich zu werben. Und ich dachte schließlich, es könne vielleicht doch eine Chance für uns geben und entschied mich, zu ihm zurückzugehen. Die Tatsache, dass meine Jungs im Internat waren, vereinfachte meine Entscheidung. Man muss verstehen, dass ich diesen Mann leidenschaftlich liebte. Vom ersten Moment, in dem wir uns gesehen hatten. Ich hätte alles gehofft und alles getan, um ihn zurückzugewinnen. Ich investierte mein Geld in die Renovierungsarbeiten seines Hauses, um einen neuen Anfang zu wagen. Und ganz kurz schien es, als wollten die dunklen Wolken vom Himmel weichen und die Sonne für uns scheinen. Wir sprachen viel miteinander und ich realisierte, dass es ihm ernst war mit seiner Umkehr. Um Weihnachten herum kamen seine Schwester und ihr Mann zu uns zu Besuch. Es war schön. Wir feierten als Familie und ich genoss es, die Meinen im Glück um mich zu haben. Georges Schwager war immer sein bester Freund in Holland gewesen. George begann also, um der Geselligkeit willen „ein Bierchen" mit seinem Schwager zu trinken. Er sagte, das würde schon nichts ausmachen. Er belog mich, ebenso wie sich selbst. Und ich war blind genug, um ihm zu glauben.

Aber damit begann der Teufelskreis aufs Neue.

In meiner Not begann ich nach etwas zu suchen, das mir Halt bieten konnte. In dieser Zeit begegnete ich einer Gruppe von Christen. Die Begegnung weckte etwas, das in mir schlummerte. Als Kind hatte ich geglaubt, dass es Gott gibt. In der Schule hatte ich über ihn gelernt und hin und wieder war ich auch sonntags im Gottesdienst gewesen. Ich trug ein kindliches Gottvertrauen tief in mir vergraben und vielleicht war das auch der Grund gewesen, dass ich einen Psychologen für George aussuchte, der Christ war. Gott in seiner fernen Macht schien mir der letzte Anker, so unwahrscheinlich es auch sein mochte. George war gefangen im Alkoholismus. Er wusste das sehr genau und wollte etwas dagegen unternehmen. Wir gingen schließlich gemeinsam zu dem Psychologen. Ich glaube, George wollte es ganz ehrlich versuchen, aber er schaffte es einfach nicht. Dieser Psychologe sagte mir schließlich, dass ich mir keine Hoffnung auf Besserung machen dürfe. Er könne meinem Mann nicht helfen. Entweder ich würde George annehmen wie er war – also mit seinem Problem – oder ich müsse ihn für immer verlassen. Ich wusste, dass er Recht hatte und dass ich gehen musste, brachte es jedoch nicht übers Herz. In den kommenden Monaten wurde es immer nur schlimmer.

Wenn es ganz schlimm war mit George, lief ich manchmal draußen herum und schrie Gott an: „Wie sehr musst Du mich hassen, dass Du mir all das antust!“ Ich brauchte einen Adressaten für meinen Frust und meine Wut. Und ich ahnte, dass es da draußen jemanden gibt, also brüllte ich ihn an. Hätte mich ein Blitz getroffen wegen der Unflätigkeiten, die ich ihm entgegen schleuderte, hätte es mich nicht gewundert. Aber es war mir egal. Gott war da irgendwo. Das war mir klar. Und ich wusste, dass er mich nicht mögen konnte. Das war logisch. Immer wenn mir das Glück zu schmecken begann, wurde es mir wieder fortgenommen. Gott konnte mich nur hassen. Also konnte ich ihn anklagen.

Diese seelische Achterbahnfahrt kann niemand lange aushalten. Irgendwann wollte ich nur noch fliehen. Gleichzeitig konnte ich mir nicht vorstellen, ohne George zu leben. Er war abhängig vom Alkohol, aber ich war abhängig von ihm. Ich war süchtig. Obgleich ich niemals Drogen genommen habe, kann ich sagen, das Gefühl von Sucht zu kennen. Diese Beziehung hatte mich in ihrer Gewalt. Es gab keinen Ausweg. Ich begann mich immer schneller um mein eigenes Unglück zu drehen.

Ich wollte weg.

Egal wie.

Egal wohin.

Aber es gab keinen Ort, an den ich hätte gehen können. Ich war verzweifelt; Dunkelheit beherrschte meine Gedanken. Und ich begann mehr und mehr, um mich selbst zu kreisen. Wie ein Strudel zog es mich immer weiter nach unten. Es wurde so schlimm, dass ich eines Abends nach einem heftigen Streit mit George nach Tabletten griff. Ich sah keinen anderen Ausweg. Ich wollte sterben. Ich nahm eine ganze Schachtel auf einmal. Alles was ich mir wünschte, war einfach nur einzuschlafen und niemals wieder aufzuwachen.

Nach kurzer Zeit erbrach ich alle Tabletten wieder.

Es war hoffnungslos.

Nicht einmal umbringen konnte ich mich.

Ich war wütend, hasste mich selbst und hasste die Welt.

Wenig später versuchte ich erneut, meinem Leben ein Ende zu machen. Dieses Mal mit Gas. George hatte immer eine volle Gasflasche für die Heizung in der Garage. Und er wechselte sie immer sofort aus, wenn sie leer war. Ich nahm also diese Gasflasche, setzte mich in mein Auto und öffnete das Ventil. Ich lehnte mich zurück und dachte, jetzt schlafe ich einfach ein und dann ist alles vorbei. Doch es kam wieder anders.

Die Flasche war leer.

Aus einem mir unerklärlichen Grund hatte George es dieses eine Mal verpasst, die Flasche sofort mit einer neuen zu ersetzen. Ich schlief noch nicht einmal ein. Ich schrie und weinte und schmiss die Flasche weg. Ich wollte nur noch sterben. Und nicht einmal das gelang mir. Ich war ein Nichts.

Ich konnte Nichts.

Ich verdiente es nicht zu leben.

Ich war so in mir selbst gefangen und mit negativen Gedanken gefüllt, dass ich glaubte, alle seien besser dran, wenn ich sterben würde. Ich dachte, meine Söhne wären wahrscheinlich sogar froh darüber, mich los zu sein. Meine Mutter würde sich schon um sie kümmern. In dieser inneren Dunkelheit gab es keinen Lichtstrahl. Nichts, das mir Hoffnung gegeben hätte. Ich war ganz tief unten im Tal der Hoffnungslosen angelangt.

Irgendwie schaffte ich es, weiter zu funktionieren. Am 1. August 1981 zog ich bei George aus und in ein Apartment ein. Nicht weit von ihm, aber doch weg. Ich nahm nur das Nötigste mit. Meine Kinder kamen jedes zweite Wochenende zu Besuch. Ich lebte, aber innerlich war ich leer, kalt und bitter. George machte mich schließlich ausfindig. Er begann zu mir zu kommen und mich zu terrorisieren. Er hatte nur genug Mut dazu, wenn er betrunken war. Er machte jedes Mal Krawall vor meiner Tür, so dass die ganze Nachbarschaft es mitbekam. Und wenn ich ihn reinließ, beschimpfte er mich nur. Ich schämte mich in Grund und Boden. Jeder bekam mit, dass wir stritten. Jeder konnte hören, wie wir uns anschrieen und aufregten. Scham. Da war sie wieder. Aber mittlerweile war es nur eine furchtbare Empfindung inmitten eines dunklen Sees aus furchtbaren Gefühlen.

Es war einer dieser Abende. Ich schrie durch die Tür, ich würde ihn nicht herein lassen. Er hämmerte dagegen, schimpfte und flehte. Ich wusste, dass alle Nachbarn uns hören konnten, aber es war mir egal. Schließlich gab er auf. Als er endlich gegangen war, sank ich erschöpft und ausgelaugt auf den Boden. Dann rappelte ich mich auf. Ich stieg in mein Auto und war fest entschlossen, dieses furchtbare Leben endgültig zu beenden. Ich dachte, ich fahre einfach drauf los und fahre gegen eine Wand oder einen Baum. Einfach so. Mein Kopf wurde leicht bei diesem Gedanken. Mach allem ein Ende, dachte ich. Das kann doch nicht so schwer sein. Fahr einfach von einer Brücke, lass das Steuer bei 180 km/h los und schließ die Augen. Ich fuhr wie eine Verrückte. Aber es war unglaublich. Ich konnte es einfach nicht tun. Ich konnte mich nicht umbringen. Meine Hände waren am Steuer wie festgewachsen. Und obgleich ich fuhr wie eine Irre, passierte nichts. Zu guter Letzt fuhr ich an den Strand – ich wollte einfach ins Meer rollen. Als allerletzte Option. Kurz vor dem Wasser kam mein Auto zum Stehen. Ich saß dort im Auto am Strand und ich schrie aus der tiefsten Not meiner kaputten Seele heraus: „Gott, wenn es dich gibt, dann hilf mir hier raus!“

Licht am Horizont

Wie lange noch, Herr, vergisst du mich ganz?
Wie lange noch verbirgst du dein Gesicht vor mir?
(Psalm 13,1)

Ich konnte mich nicht umbringen, aber ich konnte auch nicht leben. Ich war am tiefsten Punkt meines Lebens angelangt und wusste weder vor noch zurück. Gefangen, gepeinigt, kalt und leer. An diesem tiefsten Punkt meines Lebens, hatte ich eine Vision. Der Strand lag verlassen vor mir und die Brandung rauschte heran. Mit einem Mal wurde der Nachthimmel über dem Meer hell und es war, als stünde in großen Buchstaben am Horizont: „Go back to Windhuk". Ich rieb mir die Augen, aber ich war eindeutig wach. Dann wurde es noch bizarrer. Ich sah mich selbst wie in einem Filmausschnitt. Ich sah mich meine Kinder nehmen und mit ihnen zurück nach Windhuk gehen.
Die Botschaft war klar!

Da gab es keinen Zweifel.

Ich wusste: ich muss zurück.

Es war nicht anders als übernatürlich zu beschreiben. Und ich wusste, dass Gott mir in diesem Moment antwortete, obwohl ich ihn nichts gefragt, sondern nur meine Verzweiflung entgegengeschrieen hatte. Ich erkannte in meinem tiefsten Innern, dass es Gott gab und dass er wollte, dass ich lebe. Ich hatte die Augen geöffnet, war hellwach und wusste mit einem Mal, dass Gott mit mir sprach. Er hatte mein Schreien vernommen.

Ich saß noch eine ganze Weile dort am Strand im Auto und versuchte zu begreifen, was gerade geschehen war. Es gelang mir nicht. Es war wieder dunkel und die Vision war vergangen. Aber sie war so real gewesen, dass ich mir nicht einreden konnte, geträumt zu haben. Es war nicht zu verstehen, doch meine Verzweiflung war verklungen. Ich horchte in mich hinein, aber da war nur eine tiefe Ruhe. Also fuhr ich nach Hause zurück. Ich war gleichzeitig durcheinander und ganz klar im Kopf. Ich sprach laut in die Dunkelheit hinein: „Gott, ich weiß, Du hast gesprochen! Aber wie um alles in der Welt soll ich das schaffen?"

Denn ich hatte nichts in Windhuk: keinen Job, kein Haus, keine Perspektive. Und dorthin zu gehen bedeutete für mich, an den Ort meiner schlimmsten Scham und Niederlage zurückkehren. Alles sprach dagegen, nichts dafür. Aber mir war klar, dass ich gehorchen würde. Ich wusste mit absoluter Sicherheit, dass es tatsächlich Gott gewesen war. Woher? Keine Ahnung. Es war einfach klar. Und instinktiv glaubte ich, dass dieser Gott es gut mit mir meinte und meine Rückkehr die Lösung für mich war. Ich fragte also nicht, warum ich nach Windhuk zurückkehren sollte, sondern nur, wie das gelingen konnte. Ich brauchte ein Wunder.

Zuhause begann ich sogleich alle Hebel in Bewegung zu setzen, die ich bedienen konnte. Ich wollte einfach Pläne machen, anfangen, irgendetwas tun. Meine Rückkehr planen. Ich wusste immer noch nicht, wie, aber ich wusste, dass ich zurückgehen würde. Dann begannen die Wunder zu geschehen. Türen gingen auf, Hindernisse wurden aus dem Weg geräumt und meine Rückkehr nach Windhuk erwies sich nicht als Belastung oder Bürde, sondern als Segen. Ich konnte alles noch nicht zuordnen und kannte diesen Gott nicht, der plötzlich in mein Leben getreten war. Demnach waren es für mich lauter „Zufälle", die in den nächsten Wochen einfach „passierten".

Das erste Wunder war, dass ich zwei Tage nach meinem Erlebnis am Strand eine Möbelspedition anrief, um herauszufinden, wie teuer es sein würde, meine Möbel nach Windhuk zu transportieren. Ich kannte den Spediteur von einer früheren Begegnung. Der Spediteur erinnerte sich an mich, und meine Geschichte weckte Mitleid in ihm. Und so erklärte er sich bereit, mir zu helfen. Er könne meine Möbel als Füllmaterial in anderen Transporten mitnehmen, so dass es mich weniger kosten würde. Das war immerhin etwas. Der erste kleine Schritt war also getan. Ich sprach mit meinen Söhnen und diese wollten mich zu meiner großen Erleichterung gerne nach Windhuk begleiten. Charl wollte seine Schule fertig machen und dann nachkommen. Glenn kam gleich mit. Meine Mutter war schon vor einiger Zeit nach Windhuk zurückgekehrt und hatte einen Platz in einem Altenheim gefunden. Das war ein Lichtblick, weil mich ansonsten wirklich nichts nach Windhuk zog.

Das nächste Problem war George. Ich überlegte, wie ich mit ihm umgehen sollte. Wie würde er auf meine Pläne reagieren? Mir war klar, dass ihm das nicht gefallen würde. Er würde niemals verstehen, was mir passiert war, und meine Beweggründe nicht akzeptieren. Also sagte ich ihm erstmal nichts. Ich konnte und wollte ihn nicht direkt damit konfrontieren. Ich wusste, er würde mich nicht gehen lassen. Und was noch schlimmer war: Ich wusste, ich würde nicht gehen wollen, wenn ich in seine blauen Augen sah. Er war die einzige Person, die mich davon abhalten konnte. Trotz unserer schwierigen Vergangenheit liebte ich ihn immer noch. Aber Gott hatte sich mir zugewendet und lehrte mich in einer ersten Lektion, dass es gut ist, gehorsam zu sein. Mit unsichtbarer Hand lenkte und wirkte er so, dass sich jede Barriere in Luft auflöste. So auch im Fall George. Dieser rief mich aus heiterem Himmel an und berichtete, er würde auf einen Fortbildungskurs gehen. Der Kurs fand zwei Wochen lang in Johannesburg statt. Diese Zeit war ein Geschenk Gottes. George war noch nie so lange weg gewesen. Und jetzt musste er aus heiterem Himmel gleich für zwei Wochen fort. Ich fasste die Gelegenheit beim Schopf und nutzte diese Zeit, um alles Weitere für meinen Umzug in die Wege zu leiten. Nach zwei Wochen rief er wieder an und ich konnte zu ihm sagen: „Wenn du morgen zurück kommst, bin ich nicht mehr da! Ich kann nicht mehr so weiter machen. Ich schaffe es nicht mehr. Ich verschwinde jetzt aus deinem Leben."

Ich legte auf, ohne seine Erwiderung abzuwarten. Das fiel mir unglaublich schwer. Trotz allem, was zwischen uns geschehen war, liebte ich diesen Mann aus tiefstem Herzen. Und ihn so zu verletzen tat auch mir selbst sehr weh. Aber ich konnte nicht anders. Es musste sein.

Am Freitag derselben Woche nahm die Spedition zu meiner Überraschung all meine Sachen auf einmal mit, weil sie plötzlich Platz hatten. Wieder ein Wunder. Der Mann half mir mit meinen Möbeln, obgleich er damit einen Verlust machte. Später erzählte er mir immer wieder, dass er selbst nicht verstanden hatte, was ihn dazu trieb. Es ergab keinen Sinn.

Gott hatte begonnen, in mein Leben einzugreifen.

In diesen zwei Wochen hatte ich meine Nichte Pinkie gebeten, eine Wohnung in Windhuk zu suchen. Zu der Zeit war es schwer, etwas zu finden, aber sie stöberte sofort ein Haus auf. Es war zu haben und ich konnte es mir leisten. Am Samstag fuhr ich nach Windhuk und am Montag wurden auch schon meine Sachen geliefert. Dienstag sagte Pinkies Mann, dass ein Großhandel einen Vertreter suchte. Ich bewarb mich und bekam die Stelle sofort. Es war unglaublich. Als wäre ich in ein Glas Honig gefallen. Alles funktionierte. Alle Türen, die ich brauchte, gingen auf. Ich war nicht die Einzige, die staunte. Viele um mich herum konnten nicht fassen, wie mir alles gelang. Ich war doch eigentlich die vom Pech Verfolgte. Die Frau, über die sie immer hinter vorgehaltener Hand getuschelt hatten. Die Verlassene, die Betrogene, die Unfähige. Mir öffneten sich Tür und Tor und ich kam aus dem Staunen nicht mehr heraus.

Ich bezog also in Windhuk ein schönes, großes Haus. Glenn begann wieder in die Schule zu gehen. Meine Arbeit machte mir große Freude und nachdem ich nie ein Kind von Traurigkeit gewesen war, fiel es mir leicht, ein neues soziales Umfeld zu schaffen, in dem ich mich wohl fühlte. Nach ein paar Wochen konnte ich es nicht mehr ertragen, dass George nicht wusste, wo ich war. Er hatte einen fest verankerten Platz in meinem Herzen, den er nie verlieren sollte. Ich rief ihn also an und gestand ihm, dass ich nach Windhuk gegangen war. Er weinte am Telefon, beschwor mich, zurück zu kommen. Ich weigerte mich, ließ aber zu, dass er sich meldete. In den kommenden Wochen rief er mich immer wieder an. Jedes Mal spürte ich, wie seine Worte mein Herz zu erweichen begannen. Er klang so ehrlich, reumütig liebevoll. Es war so vertraut, seine Stimme zu hören, und beinahe hätte ich nachgegeben. Ich blieb jedoch fest, auch wenn es Überwindung kostete. Schon bald ging sein Flehen in Wut über. Seine Bitten wurden zu Anklagen. Er beschimpfte mich über das Telefon, wenn er betrunken war. Und er zeigte Reue, wenn er nüchtern war. Das brachte mich auf den Boden der Tatsachen zurück. Es war schmerzhaft, zeigte mir jedoch, dass es gut gewesen war, nicht nachzugeben. Es war der alte Kreislauf, aus dem es kein Entkommen zu geben schien. Ich war hin und her gerissen, fasste aber schließlich einen Entschluss. Am Ende des Jahres 1983 sagte ich ihm, dass ich seine Anrufe nicht mehr entgegennehmen würde. Und obwohl es mir unglaublich schwer fiel, tat ich das dann auch. Damit war dieses Kapitel vorerst abgeschlossen.

Ich befand mich in einer sehr eigenartigen Situation. Ich wusste zwar, dass Gott zu mir gesprochen hatte, aber ich hatte keine Ahnung, was das jetzt für mein Leben bedeutete. Er war mir einfach nur begegnet. Ich konnte nicht leugnen, dass es ihn gab, aber ich war auch nicht so weit, mich wirklich vollen Herzens auf ihn einzulassen. Geschweige denn, dass ich gewusst hätte, wie man das anstellen sollte.

Bevor ich George kennen gelernt hatte, war ich Christen begegnet, die Interesse in mir geweckt hatten. Es waren nette, offene Menschen gewesen. Ihre Ausstrahlung weckte den Wunsch in mir, das kennen zu lernen, was sie so erfüllte. Aber als ich dann George begegnete, verschwand mein Interesse und ich verlor den Kontakt zu ihnen. Damals hatte Gott wohl zum ersten Mal bei mir angeklopft, aber ich war noch nicht bereit gewesen, auf ihn zu hören. Ich musste es offensichtlich auf die harte Tour lernen. Nun war ich zurück in Windhuk und suchte Anschluss an eine Christengemeinde. Ich wollte herausfinden, was es mit diesem Gott auf sich hatte. Ich hatte von Gott in der Sonntagsschule gehört, da ich als Kind in die Kirche gegangen war. Aber ich wusste nicht, dass er ein Gott war, der in mein Leben eingreifen konnte. Geschweige denn, dass er ein Gott war, der mich liebte. Ich war ahnungslos. Und sehr neugierig.

Es war das Jahr 1984, als mein erster Mann Neville wieder in meinem Leben auftauchte. Er war inzwischen von seiner zweiten Frau geschieden und beschloss, nach Windhuk zurückzukehren. Er stand eines Tages vor meiner Tür und verkündete gerade heraus, es noch einmal mit mir versuchen zu wollen. Ich wusste nicht so recht, was ich davon halten sollte. Er meinte, wir sollen es um der Kinder willen noch einmal versuchen. Und so ließ ich es geschehen. Ich wusste, wie viel es meinen Buben bedeuten würde, wenn ihr Vater wieder bei uns wäre. Und unsere Ehe war eigentlich gut gewesen. Ich war nicht nachtragend und hoffte, es würde irgendwie funktionieren. Ich mochte ihn nach wie vor. Also öffnete ich ihm die Tür und ließ ihn einziehen. Es funktionierte allerdings gar nicht gut. Es war, als sei mein Bruder ins Haus eingezogen. Es gab keinen Funken Anziehung mehr zwischen uns. Wir waren kein Liebespaar, nur die Eltern gemeinsamer Kinder. Das konnte nicht lange gut gehen. Und so verließ er uns nach einiger Zeit wieder. Wenig später hörte ich, dass er ein drittes Mal geheiratet hatte. Es verletzte mich nicht einmal wirklich. Allein der Schmerz meiner Söhne machte mir zu schaffen. Seine neue Frau brachte vier Kinder mit in die Ehe; nebenher zeugte Neville in dieser Zeit mit zwei weiteren Frauen je ein Kind. Es war ein Chaos, das ich gar nicht erst zu durchschauen versuchte. Durch seine neuen Kinder fielen meine Söhne durchs Raster. Sie litten beide sehr darunter.

Meine Mutter zog zu uns ins Haus, da ich sie nicht im Altersheim lassen wollte. Obgleich ich es ja nie leicht mit ihr gehabt und sie viele Jahre meines Lebens gefürchtet hatte, verband uns doch eine ganze Menge. Es war für mich völlig selbstverständlich, sie aus dem Heim zu nehmen und sie in mein Leben zu lassen.

Mit ihr war etwas Sonderbares geschehen. Mehrmals versuchte sie, mich mit in eine Gemeinde zu nehmen. Ich wusste nicht, dass sie sich bekehrt hatte, aber ich sah, dass sie wie ausgewechselt war. Sie war zahm und ruhig und manchmal sogar liebevoll. Die Schlangentöterin war endlich zur Ruhe gekommen. Es war das innigste Jahr, das ich jemals mit meiner Mutter erlebt habe. Wir sprachen über alles und sie bat mich um Vergebung für die Härte und Lieblosigkeit, die ich in meiner Kindheit erfahren musste. Ich war mehr als erstaunt über ihren Wandel. So kannte ich sie nicht. Sie erzählte mir aus ihrem Leben und wie sehr sie der Tod meiner Geschwister mitgenommen hatte. Sie wirkte schwach, aber froh. Sie sagte dann auch, dass sie „heimgehen“ wolle. Sie war des Lebens müde geworden. Ich konnte das alles nicht so recht einordnen, aber ich spürte ein großes Erbarmen mit meiner Mutter. Ich realisierte zum ersten Mal den Schmerz, den sie in all den Jahren durchlitten hatte. Und ich habe meine Mutter in diesem Jahr zum ersten Mal wirklich lieb gewonnen. Alle Angst, die meine Kindheit geprägt hatte, wich und machte einem Gefühl Platz, das ich bislang nicht in Verbindung mit ihr gekannt hatte: Zuneigung.

Am 10. August 1985 starb meine Mutter. Sie hatte einen Schlaganfall. Erst im Rückblick begreife ich, dass sich auch bei ihr das Muster meines Lebens wiederholte. Kaum waren wir uns nahe gekommen, verließ sie mich wieder. Nachdem meine Mutter gestorben war, zog ein Mann bei uns ein, den ich einige Monate zuvor bei der Arbeit kennen gelernt hatte. Sein Name war Ashley. Er war ein liebenswerter, guter Mensch, dessen Gesellschaft ich genoss. Man konnte gut mit ihm lachen und er mochte meine Kinder. Ob ich ihn liebte? Auf jeden Fall nicht so, wie ich George geliebt hatte. Ich mochte ihn sehr. Keine Frage. Es war mir schon immer leicht gefallen, mich auf Männer einzulassen. Mehr noch: ich konnte einfach nicht ohne einen Mann an meiner Seite sein. Das Alleinsein bereitete mir Unbehagen. Ich war nie allein gewesen. Seit meiner Teenagerzeit hatte ich immer in Beziehungen gelebt. Ich hatte ein neues Leben begonnen und so war es nach meinem alten Muster nur konsequent, dass sich auch ein neuer Mann einstellte. Ich machte mir nicht viele Gedanken darüber, ob das richtig war. Nachdem mein ältester Sohn Charl mittlerweile auf die Universität ging, war nur noch Glenn zu Hause. Glenn war mittlerweile ziemlich pubertär und schwierig. Es stellte sich heraus, dass er hoch begabt war, aber ausgesprochen faul. Sein Lehrer ließ mich zu einem Gespräch kommen und stellte die Vermutung in den Raum, Glenn habe eine geistige Blockade und müsse zum Psychologen. Mein Sohnemann machte sich einen großen Spaß aus den Therapie-Stunden, ich aber machte mir ziemliche Sorgen um ihn.

1986 begann Gott dann tiefer auf mein Leben einzuwirken. Ein alter Freund begegnete mir auf der Straße. Er war inzwischen Christ geworden. Und er lud Ashley und mich einige Male in seine Gemeinde ein. Ashley war offen und an allem interessiert, also gingen wir hin. Es war für uns sehr eigenartig. Ich kannte bisher nur den einfachen Gottesdienst der Methodisten. Und auch diese Erfahrung lag weit zurück. Hier sangen und priesen die Menschen mit erhobenen Armen. Es war viel Bewegung in der Gemeinde und immer wieder sah ich, wie Menschen füreinander beteten. Manche beteten in sonderbar klingenden Lauten und bezeichneten es als „Sprachengebet“. Das nannte sich „charismatisch“, wie ich erfuhr. Ashley und mir war das alles sehr fremd und nicht ganz geheuer. So gingen wir nur wenige Male dorthin.

Das Haus, in dem wir wohnten, war sehr groß. Zu groß für mich, meinen Sohn und Ashley. Wir brauchten nicht so viel Platz und so machte ich mich auf die Suche nach einem Untermieter. Auch wäre uns das zusätzliche Geld sehr gelegen gekommen. Ich gab ein Inserat in der Zeitung auf und dachte, es würden sich sicher viele Interessenten melden. Die Wohnungssituation in der Stadt war schwierig. Zu meinem Erstaunen meldete sich nur eine einzige Person auf die Anzeige. Sie war eine allein stehende, sechzigjährige Frau namens Lena Burger. Das schien mir perfekt – keine Störung, keine Probleme. Sie hatte etwas Mütterliches an sich und ich mochte sie vom ersten Augenblick an. Sie wirkte pflegeleicht. Was ich nicht ahnte, war, dass sie nicht allein kam: Sie zog ein und mit ihr Vater, Sohn und Heiliger Geist.

Alles verlieren?

Denn was wird es einem Menschen nützen, wenn er die ganze Welt gewönne und dafür seine Seele einbüßte?
(Markus 8,38)

Lena war eine fromme Frau, was ich auch bald zu spüren bekam. Heute weiß ich, dass Gott sie direkt in mein Haus geschickt hat, um mich zu erreichen. Lena war eine reizende ältere Dame. Sie war sehr stark im Gebet und, wie sich schnell herausstellte, auch sehr weise. Sie sprach nicht viel, aber wenn sie etwas sagte, sollte es bei mir haften bleiben. Diese Frau, die mich nicht kannte, begann für mich zu beten und mir ganz überlegt und vorsichtig nahe zu bringen, dass ich Jesus in meinem Leben brauchte.

Sie versuchte mir vorsichtig, aber doch nachhaltig klarzumachen, dass das Leben, das ich führte – unter anderem mit Ashley –, ganz und gar nicht in Ordnung war. Ich wollte davon anfangs nichts hören, aber es berührte etwas in mir; etwas in mir antwortete. Ich war neugierig und spürte instinktiv, dass Lena Antworten auf meine Fragen hatte. Sie kannte diesen Gott, der am Strand zu mir gesprochen hatte. Ich hatte nach diesem Erlebnis die endgültige Gewissheit, dass es Gott gibt. Und es gab mir eine gewisse Sicherheit, dass ich mich auf ihn verlassen konnte, wenn ich in Not bin. Er war für mich viel realer geworden als zuvor. Und er hatte sich gezeigt und mir in den letzten Monaten über kleine und große Hürden hinweggeholfen. Ich hatte das Bedürfnis, ihn näher kennen zu lernen.

Ich suchte Lenas Nähe und stellte Fragen. Und mit stetig wachsendem Herzen saugte ich ihre Antworten auf. Ich war wie ein trockener Schwamm, ihre Worte wie Regen. Ich war mittlerweile

39 Jahre alt. Mein ganzes Leben hatte ich geglaubt, dass ich ein Unfall – ein Bastard sei. Weder gewollt noch geplant. Und diese Frau begann mir doch tatsächlich zu erklären, dass Gott mich geplant hatte. Und das auch noch lange, bevor ich geboren worden war. So unglaublich ich das fand, ließ es in mir irgendwie einen Funken überspringen. Ihre Worte fielen wie Samen auf fruchtbaren Boden. Ich spürte deutlich, wie etwas in mir begann aufzugehen. Es war als strecke sich ein kleines Pflänzchen im dunklen Untergrund meiner Seele aus, um etwas Sonnenlicht zu erhaschen. Ich hörte zum ersten Mal, dass ich kein Fehler bin und Gott einen wunderbaren Plan für mein Leben hat. Dass er mein Vater ist und mich liebt. Ich hörte, dass er nicht nur alle Menschen als Masse liebt, sondern sich nach einer ganz persönlichen Beziehung zu mir – Juliana – sehnte. Ich konnte es zuerst nicht glauben, dennoch reagierte etwas in mir. Ich witterte Wahrheit hinter Lenas Worten. Aber obgleich ich immer mehr wissen wollte, dauerte es lange Zeit, bis ich es tatsächlich annehmen konnte.

Der kleine Same, der begann in mir aufzubrechen, musste sich nämlich erstmal durch einen festgefahrenen, harten Boden kämpfen. Mein Seelenzustand zu dieser Zeit war katastrophal. Ich war mit den Jahren kritisch, sarkastisch und hart geworden. Ich war eine gute Verkäuferin, eine toughe Geschäftsfrau. Ich konnte bestehen in dieser Welt. Ich war zynisch. Ich hatte alles alleine schaffen müssen, mich niemals wirklich auf jemanden verlassen können. Und meine Erfahrungen mit Männern hatten mich bitter gemacht. Ich war keine liebenswerte Person. Und ich wusste es. Dass da also ein Gott war, der mich von Anbeginn geplant und gewollt hat, überstieg mein Fassungsvermögen. Dass er mich liebt, wie ich bin, das war unbegreiflich für mich. Ich konnte nicht genug davon hören. Lenas Worte trafen mich schmerzhaft mitten ins Herz.

Bis zu diesem Zeitpunkt hatte ich meine Arbeit immer sehr genossen. Ich war sozial engagiert, hatte neue Freunde gefunden und alte Freundschaften wieder aufgenommen. Ich hatte einen attraktiven Mann an meiner Seite, ein Haus, und mein Leben schien gerade richtig. Ich musste regelmäßig Cocktails für meine Arbeit organisieren. Und ich genoss diese Cocktails. Ich liebte es, mit den Menschen zu feiern und fröhlich zu sein. Ich flirtete mit den Männern und war ein Meister des Smalltalks.

Plötzlich begann sich die Situation zu wandeln. Eigenartige Erlebnisse ließen mich sehr nachdenklich werden. So kam es beispielsweise, dass ich mit Menschen redete, lachte, rauchte und trank. Und plötzlich war es, als träte ich aus mir selbst heraus und betrachtete mich von außen. Ich stand förmlich neben mir selbst, sah mich an und fragte mich: Was für einen Sinn hat das alles? Das ist alles so oberflächlich! Warum bin ich mit diesen Leuten zusammen, die nur Unsinn reden? Es war, als sähe ich mein Leben plötzlich aus einer anderen Perspektive. Das war mir noch niemals passiert. Es war sehr eigenartig und brachte mich vollkommen durcheinander.

Was ich nicht wusste, war, dass Lena für mich betete. Sie betete jeden Tag, dass ich die Wirklichkeit erkennen möge. Und ihr Gebet verklang nicht ungehört, sondern zeigte starke Wirkung. Schritt für Schritt entblätterte sich der schöne Schein und ich begann meine Wirklichkeit zu erkennen. Ich erkannte mein Leben als das, was es war: eine schöne Fassade, hinter der es moderte und stank. Ich sah, dass ich meinen Halt und meine Stärke aus all diesen Äußerlichkeiten zog. Aus meiner Kleidung, meinem Ansehen, meinem Besitz, meinem Beruf und dem Mann an meiner Seite. Plötzlich kam mir mein Leben leer und grau vor. Ich fragte mich tief im Innern, ob das alles sein konnte. Wo der Sinn in all dem steckte. Alles schien ich zu besitzen. Ich war doch so weit gekommen! Ich hatte mich wieder aufgerappelt nach meiner Scheidung. Ich hatte ein neues Leben begonnen und mein altes hinter mir gelassen. Ich hatte einen einträglichen neuen Job gefunden, und es ging mir finanziell sehr gut. Und doch war ich innerlich leer.

Diese Momente der geistigen Klarheit häuften sich. Das war beunruhigend und aufwühlend und häufig schaffte ich es, diese Gedanken beiseite zu schieben. Parallel dazu wuchs jedoch mein Bedürfnis, diesem Gott auf die Spur zu kommen. Ich sprach viel mit Lena, und sie erzählte mir aus der Bibel. Ich hörte ihr gerne zu. Es war alles neu für mich. Ich konnte immer noch nicht glauben, dass Gott mich liebte, nach allem was mir passiert war. Aber ich war wissbegierig und löcherte sie mit Fragen. Auch über diesen Jesus wollte ich mehr erfahren. Dass Gott Mensch geworden war, um uns von unseren Sünden zu erlösen, war für mich unglaublich. Die Erkenntnis, dass er aus Liebe zu uns Menschen seinen eigenen Sohn gesandt hatte und dass dieser am Kreuz für unsere Sünden gestorben war, traf mich tief. Lena gab immer nur sehr kurze Antworten, die mich jedoch nicht losließen. Nach nur zwei Monaten mit Lena wusste ich, dass es so nicht weitergehen konnte. Und dabei ging es ums Ganze. Ich musste mich ganz für oder gegen Gott entscheiden. Da gab es keine Grauzone. Ich hatte von Lena vieles gelernt und in mir hallte die Aussage Jesu in der Bibel wider: „Ich bin der Weg, die Wahrheit und das Leben." Ich ahnte nicht, was das bedeutete, aber ich wusste, dass ich mich vollen Herzens auf Jesus einlassen musste, um es herauszufinden. Und ich sehnte mich danach, diesen Zustand der „Entblätterung" zu beenden.

Ich ging noch am selben Tag zu Lena. Mein Herz klopfte wie wild, als ich ihr sagte, dass ich mich für Jesus entscheiden wolle. Ich hoffte damit wäre die Sache erledigt und es würde wieder

Ruhe in mein Leben einkehren. Lena sah mich mit ihren gütigen Augen eine Weile lang an, lachte leise und sagte dann sehr ernst: „Juliana – so einfach ist das nicht! Hast du dir das auch gut überlegt? Weißt du, dass es dich alles kosten kann?“

Das saß. Nein. Das hatte ich nicht gewusst. Ich war auf ganzer Linie unwissend. Ich dachte, wenn ich mich für Jesus entscheide, dann wird irgendwie und einfach alles gut. Dann könnte ich mein Leben wieder genießen, wie es gewesen war. Was sollte das jetzt bedeuten, dass mich das alles kosten konnte? Hieß Jesus nachfolgen tatsächlich, dass ich alles verlieren würde? War das bei jedem so, der sich für ein Leben mit Jesus entschied? Ich hatte davon in den Gemeinden nie etwas gehört. Oder war das nur bei mir, Juliana, der Fall? Ich traute Lena durchaus zu, dass sie etwas wusste, was ich nicht wissen konnte. Sie schien einen doch eher guten Draht zum Himmel zu haben. Ihre Aussage traf mich härter, als ich erwartet hätte. Ich nahm ihre Antwort ernst und stellte mich der Frage, ob ich bereit war, alles zu verlieren. Ich hatte in meinem Leben schon so vieles verloren und zurückgelassen. Das war meine empfindlichste Stelle: Verlust.

In den nächsten Wochen ging ich gedanklich durch, was ich alles verlieren könnte: meine Arbeit, mein Auto, mein Haus, meine Möbel. Am schlimmsten war der Gedanke, meine Kinder zu verlieren. Ich glaubte so viel zu haben und es kam mir grauenhaft vor, das alles zurückzulassen. Könnte ich ohne meine Freunde überleben? Vor allem Esther? Sie war immer meine beste Freundin gewesen. Auch während ich weit weg gewohnt hatte, hatte unsere Freundschaft Bestand gehabt. Und was war mit Ashley? Wieder und wieder wanderte ich durch mein Haus und betrachtete alles, was ich besaß. Mein Herz hing an den Dingen. Mein Herz hing an den Menschen in meinem Leben. Es kam mir unmöglich vor, mich von all dem zu trennen, und der Gedanke, es könne mir genommen werden, machte mir Angst. Als ich alles aufgezählt und durchdacht hatte, glaubte ich schon, dass ich es nicht überstehen würde. Wenn Jesus all das von mir wollte, dann konnte ich nicht ja zu ihm sagen.

„Aber was, wenn ich meine Seele verliere?"

Plötzlich war dieser Gedanke in meinem Kopf und ließ mich nicht mehr los. Wie eine CD, die einen Sprung hat, rotierte dieser Satz in mir. Meine Seele verlieren. Was war, wenn ich meine Seele verlor? Meine Seele, meine Seele. Wenn ich mich verlor. Mein Sein. Was war dann?

Mir war klar, dass ich in der Hölle landen würde. Verlor ich meine Seele, so gab es keine andere Alternative. Und was würde mir dann all das, was ich hier auf Erden besaß, nützen? Ich hatte in der Sonntagsschule von Himmel und Hölle gehört und ich glaubte auch daran. Es war ein einfacher Kinderglaube, aber eben deswegen war er vielleicht so tief in mir verankert, dass er mich stark beeinflusste. Hölle bedeutete ewige Qual. Und so schreckte mich der Gedanke, meine Seele zu verlieren, mehr als alles andere. Ich versuchte den Gedanken zu unterdrücken und ihm keinen Raum zu geben. Alles, was ich besaß, hielt ich mir vor Augen. Ich wollte es behalten; mich daran festklammern. Meine Seele zu verlieren war jedoch mit einer Angst verbunden, die größer war als alle Angst vor dem Verlust. Ich hatte eine sehr bildliche Fantasie. Und ich war in meinem Leben bereits durch Höllen gegangen. Und mir wurde klar, dass die Qualen um vieles schlimmer sein würden, wenn ich meine Seele verlor. Diese Erkenntnis gab den Ausschlag. Wenn es zutraf, dass Jesus mich mein ganzes Leben lang begleiten wollte und ich nicht mehr alleine kämpfen müsste, dann wollte ich das probieren.

Ich ging zu Lena ins Zimmer und stellte mich entschlossen vor sie hin. Mein Herz klopfte nicht nur, es raste in meiner Brust.

Das Gefühl war so ähnlich, wie damals, als Neville mir den Heiratsantrag machte. Voller Aufregung und Vertrauen hatte ich ja gesagt. Heute war ich noch aufgeregter, denn ich spürte instinktiv, dass Gott sein Ja mir schon vor langer Zeit zugesprochen hatte. Er hatte beständig um mich geworben und mich in seine Richtung gezogen. Vielleicht hatte mein Leben genauso verlaufen müssen, damit ich an diesem Tag zu dieser Entscheidung kommen konnte. Ich begriff, dass er mich nicht zwingen würde. Ich musste zu ihm kommen. In Demut musste ich annehmen, dass ich mein Leben nicht alleine bewerkstelligen konnte. Aus tiefstem Herzen und mit ganzem Verstand musste ich ja sagen. Und ich wusste, dass er mein Ja annehmen würde.

Es war ein Samstag, als ich zu Lena ins Zimmer trat. Ich musste mir die Hände an der Hose abwischen, weil sie vor Nervosität ganz verschwitzt waren. Dann richtete ich mich auf und atmete tief durch. Ich sah Lena mit festem Blick an:

„Ich bin bereit, Jesus nachzufolgen!"

„Ja?" Sie sah mich fragend an. Wie immer war sie ganz gelassen.

„Bist du wirklich bereit, alles zu verlieren?"

Ich antwortete mit fester Stimme: „Ja."

Lena nickte nur still und ein Lächeln stahl sich auf ihre Lippen und erhellte ihr Gesicht. Zusammen knieten wir neben ihrem Bett nieder und wir sprachen ein ganz einfaches Gebet. Lena sprach es mir vor und ich wiederholte es einfach: „Jesus, ich will, dass Du mein Leben von diesem Tag an führst, und ich will Dir nachfolgen alle Tage meines Lebens! Ich mache Dich hiermit zum Herrn in meinem Leben."

Wir blieben noch kurz still auf den Knien. Ich dachte, es müsste irgendetwas geschehen, vielleicht ein Engelschor vom Himmel singen oder ein Rauschen und Brausen aufkommen –

aber es blieb still. Und ich weiß noch, dass ich dachte: Ob da nun wirklich was passiert ist? Aber Lena versicherte mir in ihrer ruhigen Art, dass mein Leben nie mehr das Gleiche sein würde. Und sie hat Recht behalten!

Am folgenden Morgen hatte sich meine Welt verändert. Ich war Knall auf Fall verliebt in Jesus und konnte mich nicht bändigen, allen davon zu erzählen. Ich fand einen Frieden und eine Freude in mir, die offensichtlich auch aus mir heraus strahlte. Denn viele meiner Freunde sprachen mich an und wollten wissen, was passiert war. Ich hatte ständig Schmetterlinge im Bauch. Jesus war mir plötzlich so real wie die Menschen, denen ich gegenüberstand. Mehr noch. Er füllte mich ganz aus.

Ich hatte eine bewusste Entscheidung getroffen, und so begann ich, in meinem Leben, aufzuräumen. Mir war schließlich in den letzten Wochen und Monaten immer mehr bewusst geworden, dass mein Leben, so wie es war, nicht gut war. Nachdem ich mich nun aktiv in Jesu Hände gelegt hatte, verspürte ich plötzlich auch den Drang, die Veränderung herbeizuführen. Zusätzlich bekam ich eine wilde Freude an der Veränderung geschenkt. Als Erstes sprach ich mit Ashley, um in unserer Beziehung klar Schiff zu machen. Er ging mit in die Gemeinde, in die Lena uns führte. Er war offen und interessiert. Und bald fragte Ashley mich, ob ich ihn heiraten würde. Es schien eine gute Idee zu sein und genau in den Plan zu passen. Aber dieses Mal konnte ich die Entscheidung nicht alleine treffen. Schließlich hatte ich Jesus in mein Leben gelassen und darum musste ich mich erst mit ihm beratschlagen. Ich fragte Gott, ob ich diesen Mann heiraten solle. Schon seit meiner Bekehrung hatte es in mir gewühlt, ob er der richtige Mann für mich sei. Es war innerlich hin und her gegangen, und ich war sehr verunsichert. Ich sprach mit Gerda, der Pastorenfrau, darüber. Sie wies mich auf Matthäus

18,18 hin, wo steht, dass, was wir auf Erden binden, gebunden ist, und was wir trennen, getrennt ist. Sie sagte, ich solle beten, dass alle Stimmen in mir schweigen, die nicht von Gott sind, um die Stimme Gottes klar zu hören.

Ich saß in der Badewanne, als ich das betete, und Ashley war in der Küche, um für uns zu kochen. Ich fragte: „Herr, soll ich Ashley heiraten?" Und wie ein Echo durchdrang es mein ganzes Wesen: Nein, nein, nein. Dreimal nein. So klar, dass es keinen Zweifel gab. Das war so eindrücklich, dass ich aus der Badewanne sprang, mir ein Handtuch umschlug und zu ihm in die Küche eilte. Ich stelle mich vor ihn hin, klatschnass und tropfend und sagte: „Du bist nicht für mich bestimmt."

Ich sehe noch heute seinen entgeisterten Blick vor mir.

Ich wusste jedoch, dass es die richtige Entscheidung war, und hatte einen tiefen Frieden im Herz. Ashley war am Boden zerstört. Erst war er wütend. Wir sprachen am nächsten Morgen lange, und ich versicherte ihm, dass nichts Negatives an ihm sei, sondern dass es einfach nicht Gottes Wille sei. Es tat ihm weh, aber er begriff auch, was ich sagte. Er beruhigte sich und zog wenig später aus. Wir schafften es dennoch, Freunde zu bleiben, und irgendwie verstand er mich auch.

Nach meiner Entscheidung für Jesus zog Lena aus, um mit einer Freundin eine Wohnung zu nehmen. Für mich begann eine Zeit der intensiven Lehre. Jeden Tag lernte ich etwas Neues über meinen Glauben. Ich fragte, ich suchte und saugte alles in mich auf. Während dieser Zeit klärte Lena mich über die Bindungen auf, die okkulte Gegenstände und Praktiken mit sich bringen. Sie hatte eine Liste. Ich schaute sie mir an und musste erschreckend viel darauf auf mich beziehen. Bei vielen Punkten spürte ich Widerwillen sich in mir aufbäumen. Aber ich vertraute Lena zu 100 Prozent und so begann ich, mich damit auseinanderzusetzen. Es war wirklich nicht leicht, mich auf all das einzulassen, aber ich wusste, wenn ich es nicht versuchte, würde ich nie herausfinden, wie und wer Gott wirklich ist!

Ich erinnerte mich auch an meinen Buddha, den ich damals in Johannesburg gekauft hatte. Ich würde ihm jetzt nicht das Scheitern meiner Ehe in die Schuhe schieben wollen, aber dass er keinen positiven Einfluss gehabt haben konnte, schwante mir schon. Lena betete mit mir die Liste durch und ich konnte bei Vielem merken, wie sich in mir etwas löste. Ich war zum Beispiel vor vielen Jahren einmal auf einem Seminar zur Bewusstseinserweiterung gewesen, bei dem man lernen konnte, durch Konzentration und Meditation Gegenstände zu bewegen, telepathisch zu kommunizieren etc. Damals hatte ich einiges erlebt, was nicht natürlich war. Da es eindeutig übernatürlich war, hatte ich geglaubt, es müsste von Gott kommen. Es vermittelte mir ein starkes Machtgefühl und Euphorie. Jetzt saß ich Lena gegenüber und begriff, dass ich damals dem Feind eine Tür geöffnet hatte. Ich sagte mich laut und entschieden von allen negativen Bindungen los. Das Gefühl, wirklich eine Last, die ich seit Langem getragen hatte, losgeworden zu sein, war so deutlich spürbar, als hätte jemand mir einen eisernen Mantel ausgezogen.

Ein Weiteres war meine Rauchsucht. Ich rauchte wie ein Schlot. Sicher 40 Zigaretten am Tag. Das Erste nach dem Aufwachen war eine Zigarette und das Letzte vor dem Einschlafen ebenfalls. Ich hatte einfach immer einen Glimmstängel zwischen den Lippen. Und ich hatte wirklich schon alles versucht, um damit aufzuhören. Von Hypnose bis zu Nikotinpflastern. Nichts hatte geholfen. Immer wieder war ich rückfällig geworden. Als ich schließlich nicht in den Gemeindechor durfte, weil ich rauchte, ging ich zu Lena und bat sie, gegen meine Sucht zu beten. Ich hatte gelernt, dass Gott einen von allem heilen kann. Und ich beschloss, dass er jetzt hier einmal zuschlagen könnte.

Lena fragte mich, warum ich das Rauchen loswerden wolle, und als ich antwortete, um im Chor Lobpreis zu singen, warf sie mir ein „Das ist kein Grund!“ an den Kopf.

Wenig später ging ich wieder zu ihr, weil die Zigarettenpreise gestiegen waren und ich es wirklich lästig fand, mein Geld in Zigaretten zu investieren. Wieder hielt sie mir vor, dass das kein Grund sei. Ich war innerlich hin und her gerissen. In einem Moment war ich voller Vertrauen, nur um mich im nächsten Moment zu fragen, ob Gott das wirklich konnte. Konnte er das Unmögliche möglich machen? Ich hatte noch keine Erfahrung mit ihm gemacht und so war ich zwar voller Liebe und Knistern, aber wie eine Frischverliebte fiel ich auch ständig in Abgründe der Verwirrung und Verzweiflung.

Irgendwann war ich dann doch entnervt vom Rauchen, da es mein Leben beherrschte. Ich ging abermals zu Lena. Sie sah mich an und fragte: „Warum willst du es loswerden?“ Ich antwortete: „Weil das blöde Rauchen zwischen mir und Gott steht!“

Da war sie bereit, für mich zu beten. Das sei ein guter Grund. Und sie betete und betete. Irgendwann blubberte ein herrliches Lachen in mir hoch. Ich lachte und lachte. So etwas hatte ich noch nie erlebt. Seit diesem Tag habe ich nie wieder eine Zigarette angefasst. Ich war geheilt. Es war, als hätte ich jede Abhängigkeit herausgelacht. In den drei Tagen nach dem Gebet war da jedoch immer eine kleine, penetrante Stimme in meinem Kopf, die sagte: Du musst rauchen. Du brauchst es. Es beruhigt dich. Es war als würden Pfeile auf mich abgeschossen. Ich wusste jedoch, dass diese Stimme nicht aus mir kam und es war, wie in der Bibel geschrieben steht: Der Herr war mein Schutz und mein Schild. Die Stimmen prasselten einfach an mir ab und konnten mich nicht erreichen.

Zur selben Zeit, als ich all das mit Lena erlebte, war mein Sohn Glenn mit Freunden im Norden Namibias unterwegs. Dort bekam er eine Blinddarmentzündung und musste vom Notarzt nach Windhuk zurückgeflogen werden. Es bildete sich ein Abszess, was gut war, weil der Blinddarm so einige Zeit vor einem Durchbruch geschützt wurde; ein einfacher Schutzmechanismus des Körpers. Erst wollten die Ärzte ihn nicht operieren, um den Abszess nicht zu beschädigen, da das eine Vergiftung hätte zur Folge haben können. Es drohte eine Bauchfellentzündung. Er war lange im Krankenhaus und wurde immer schwächer. Er wurde spindeldürr und sah schließlich aus wie ein Skelett mit Haut. Es war furchtbar. Ich hatte solche Angst, dass er stirbt. Tagelang harrte ich an seinem Bett aus und sah, wie er immer weniger wurde. Es zerriss mir das Herz. Würde Gott mir meinen Sohn nehmen? Viele aus meiner neuen Gemeinde beteten für ihn. Nach ein paar Wochen sagte der Arzt, sie könnten ihn nicht länger im Krankenhaus behalten, da ich nicht zahlen konnte. Ich war verzweifelt und aufgewühlt. Ich holte ihn ab. Ich dachte: Ich hole ihn zum Sterben nach Hause.

Gleichzeitig war da die Hoffnung, dass der Gott, den ich gerade erst kennen gelernt hatte, mächtig genug war, um meinem Kind zu helfen. Ich rief meine neuen Freunde aus der Gemeinde an und bat sie, mit mir zu beten. Ich wollte wissen, warum er nicht gesund wurde. Ich verstand es nicht. Wir knieten in meinem Zimmer und beteten. Glenn kniete neben mir – ganz schwach und zittrig. Lena kniete auf seiner anderen Seite.

Als Lena begann zu beten, öffnete Gott plötzlich meine Augen und ich sah in die geistliche Welt. Und ich sah hinter meinem Sohn einen Todesengel. Ich hatte keinen Zweifel an dem, was ich erblickte: Bilder wie aus einem Horrorfilm. Ein Wesen, schwarz, mit langen schwarzen Spinnweben, die von den Fingerspitzen ausgingen. Ich sah kein Gesicht. Ich wusste nicht, was es bedeutete, aber ich wusste, dass diese düstere Gestalt mein Kind mitnehmen wollte. Es durchfuhr mich heiß und kalt, ich sprang auf. Meine Angst wandelte sich in etwas Neues. Jetzt war ich wütend, aufgebracht und plötzlich ganz zielgerichtet. Jetzt konnte ich meine Wut gegen jemanden oder etwas wenden. Und ich schrie den Todesengel, oder was auch immer es war, an: „Du Tod, verschwinde von meinem Sohn, in Jesu Namen!"

Im nächsten Moment sah ich ihn nicht mehr. Ich atmete tief. Er war tatsächlich fort. Forschend sah ich meinem Kind ins Gesicht. Glenn, der neben mir gekniet hatte, sprang mit einem Mal auf. Einfach so. Seine Wangen waren gerötet, die Schwachheit war gewichen und er hüpfte durchs Zimmer, war völlig geheilt. Drei Wochen später spielte er wieder im Hockeyteam. Es war das erste körperliche Heilungswunder, das ich erlebte. Ich weiß, es klingt unglaublich, aber so ist es gewesen.

Es ging immer so weiter. Wunder folgten auf Wunder. Ich las in der Bibel, begann langsam mehr und mehr zu erfassen und immer wieder wurde ich vor Herausforderungen gestellt, in denen ich mein Ja für Jesus bekräftigen durfte. Kurz nachdem ich meine Entscheidung für Jesus getroffen hatte, war ich in der Gemeinde zu einer Wohnungseinweihung eingeladen. Es war ein junges Ehepaar mit zwei kleinen Kindern, die ein Haus von der Regierung bekommen sollten. Er war Beamter und hatte sich in eine Liste für ein Haus eingetragen. Es schien nicht sehr wahrscheinlich, dass sie schnell eines bekommen würden, aber wir beteten und kurz darauf bekamen sie ein Haus zugeteilt. Wir feierten in dem leeren Haus, denn es gab nichts darin. Sie waren einfach nur glücklich, es zu haben, und sagten: „Wenn Gott uns das Haus schenkt, dann wird er uns auch die Möbel schenken." Sie schienen mir einen sehr kindlichen Glauben zu haben und ich schmunzelte innerlich über ihre Naivität. Aber ich war auch beeindruckt. Es ließ mich nicht los. Und ich betete inständig, dass sie wirklich Möbel bekommen würden. Und dann bekam ich eine Antwort: „Gib du ihnen deine Möbel."

Ich schob die Antwort beiseite und dachte, ich hätte mir das eingebildet. Alle meine schönen Möbel einfach verschenken? Absurd. Aber der Gedanke wurde immer stärker in mir: Schenk ihnen deinen Hausinhalt. Ich hatte sehr viele Möbel aus meinen beiden Ehen. Das war der einzige Reichtum, den ich noch hatte. Ich war hin und her gerissen. Meine Möbel weggeben? War das wirklich Gottes Stimme, die da sprach? Bildete ich mir das alles nur ein?

Ich betete und sagte: „Herr, ich brauche ein Zeichen, dass das wirklich von Dir kommt."

Ich fürchtete wirklich, mir alles nur einzubilden.

Ich sagte zum Herrn: „Wenn das junge Ehepaar heute vor 5 Uhr nachmittags bei mir anklopfen wird, dann weiß ich, dass Du es bist."

Um zehn vor fünf klopfte es an meiner Tür. Ich öffnete und das junge Ehepaar stand davor. Mein Gesicht muss entgleist sein vor Erstaunen. Sie waren in meiner Nähe beim Arzt gewesen und da dieser noch etwas zu erledigen hatte, dachten sie, sie könnten doch einen Kaffee mit mir trinken. Ich war fassungslos, aber mir war klar, dass ich nun auch gehorsam sein musste. Als die junge Frau dann in meiner Küche saß, fragte ich sie, ob Gott ihnen schon Möbel gegeben habe. Sie lächelte und meinte: „Nein, aber das wird noch kommen!"

„Stimmt" sagte ich und ich zeigte um mich „Alles, was du hier siehst, gehört jetzt dir."

Sie sah mich mit offenem Mund an.

„Der Herr hat gesagt, ich solle euch alles geben!"

Sie brach in Tränen aus. Beide waren voller Freude und konnten es kaum glauben.

Am selben Abend wanderte ich durch mein Haus und nahm Abschied von meinem Möbeln. Es war ein Abschied von all meinen Erinnerungen. Abschied von Neville und George, die mit jedem Möbelstück verbunden schienen. Schon am nächsten Morgen stand ein Möbelwagen vor meiner Haustür und alles, wirklich alles wurde mitgenommen. Allein mein Fernseher, mein Videorekorder und meine Stereoanlage behielt ich zurück.

Mit jeder Sache, die sie aus dem Haus hinaustrugen, wurde mein Geist leichter und leichter. Ich konnte es körperlich spüren, wie Gewichte von mir abfielen. All die Jahre, alles, was geschehen war – es verschwand Stück für Stück. Und als das letzte Möbelstück verschwunden war, begann ich einen Lobpreis und tanzte durch das leere Haus. Ich fühlte mich so frei wie noch niemals in meinem Leben und wusste, dass ich in die Welt hinausgehen konnte und mich nichts mehr aufhielt.

All diese Gebetserhörungen waren für mich reine Faszination! Ich entdeckte die Welt und ihre Möglichkeiten neu. Und ich beglückte jeden mit meinen neuen Erkenntnissen. Dabei ist auch einiges kaputt gegangen, da ich in meiner Euphorie nicht immer sensibel war. Die Freundschaft zu Esther zerbrach daran. Eines Tages sagte sie, dass sie mich nie mehr sehen wolle, wenn ich noch ein Wort von diesem Jesus erzählen würde. Da musste ich mich entscheiden und ich entschied mich für Jesus. Die Freundschaft, die mich lange Jahre begleitet hatte, zerbrach.

Nachdem ich meine Möbel losgeworden war, brauchte ich auch das große Haus nicht mehr. Ich fand eine kleine Wohnung in der Nähe und Menschen aus der Gemeinde liehen mir das Nötigste. Ich war frei. Der einzige Schatten über meinem neuen Freiheitsgefühl war, dass meine beiden Söhne dachten, ich sei total verrückt geworden. Und wenn ich jetzt so drüber nachdenke, dann kann ich es ihnen nicht einmal verübeln!

Aufräumarbeiten

Vergib uns unsere Schuld,
wie auch wir vergeben unseren Schuldigern.
(Lukas 11,4)

Ich war sehr glücklich in meinem neuen kleinen Apartment. Ich fühlte mich herrlich unbelastet und frei und verschwendete keinen weiteren Gedanken an all die wunderbaren Möbel, die ich verschenkt hatte. Jeden Tag arbeitete ich bis um Punkt 5 Uhr. Dann eilte ich nach Hause, um mich mit der Bibel zu beschäftigen. Ich las und las und konnte nicht genug bekommen. Mein Geist war offen und wach und ich war unendlich wissbegierig. Ich wollte alles erfahren über diesen Gott. Zum Glück war ich auf dem Weg dieser Entdeckungsreise nicht auf mich allein gestellt. Gerda, die Frau unseres Pastors, war eine zutiefst fromme Frau und hatte immer ein offenes Ohr für meine Fragen. Und ich hatte immer noch Lena, mit der ich viel sprach und betete. Ich war von Menschen umgeben, für die das Gebet keine Sache war, die man „dann und wann eben mal machte", sondern für die das Gebet ein Lebensstil war. Immer hatte ich Gebetsanliegen dabei: Probleme mit meinen Kindern, meinem Leben usw. Und jedes Mal beteten sie mit mir. Und ich sah und hörte, wie und was sie beteten. Und so lernte ich von ihnen.

Ich lernte zum Beispiel, Bibelstellen auszuwählen und Gottes eigenes Wort laut zu beten und mich auf sein Wort zu berufen. Ich lernte, dass ich, wenn ich Gottes Wort, welches er uns in der Bibel offenbart, bete, auch seinen Willen bete. Ich lernte, immer den Heiligen Geist zu bitten, mir die Augen zu öffnen, bevor ich in der Bibel las. Und er zeigte mir viel. Ich hatte auf einmal einen Zugang zur Bibel gefunden; ich hatte verstanden, dass die Bibel das lebendige Wort Gottes ist. Ich begriff, dass es zwei Arten gibt, sich mit Gottes Wort zu beschäftigen. Auf der einen Seite ist es die rein historische, theologische Art und Weise. Auf der anderen Seite steht die durch Gottes Geist offenbarte Erklärung seines Wortes mit direktem Bezug zu unserem jetzigen Leben und unseren individuellen Verhältnissen.

Man kann die Arbeit mit der Bibel mit der Arbeit eines Rechtsanwalts vergleichen. Dieser hat Hunderte von Büchern mit Fällen, die er vergleichen kann. Er kann legale Hilfen zu meinem Fall finden. Er kann alles nachschlagen und doch müssen sie auf jeden speziellen Fall neu angewendet werden. Die Bibel funktioniert ähnlich. Es gibt lauter Fälle, die auf meinen persönlichen Fall angewandt werden können. Aber der Heilige Geist, der himmlische Anwalt, offenbart, was nun auf mich zutrifft. Das hat weniger mit Analyse zu tun als mit Vertrauen.

Ich lernte, nicht meinen Willen zu beten, sondern den Willen Gottes. Also nicht nur meine eigenen Worte und Gedanken zu verwenden, sondern die, die in der Bibel zu finden sind. Dazu muss man vielleicht erwähnen, dass es einen grundsätzlichen Willen Gottes gibt. Prinzipiell kann ich für Heilung, Befreiung und Wiederherstellung beten, weil Jesus durch seinen Tod am Kreuz bereits gezahlt hat. Damit kann ich nichts falsch machen. Gottes Prinzipien kennen zu lernen, indem ich mehr und mehr sein Wort las, erweiterte meinen Horizont enorm. Durch beständige Auseinandersetzung mit der Bibel wurde ich seines Wesens mehr und mehr gewahr. Ich fühlte mich wie eine frisch verliebte Frau, die nicht genug davon bekommen kann, ihren Angebeteten besser und tiefer kennen zu lernen. Langsam begriff ich, dass sich Gottes Prinzipien in der Bibel vom Alten bis ins Neue Testament durchziehen und immer klarer werden. Zum Beispiel das Prinzip von Saat und Ernte: Was ich säe, das werde ich auch ernten. Das gilt für jeden. Auch der Ungläubige, der vielleicht sogar unwissentlich einen Teil seines Vermögens in Gottes Reich investiert, wird den Segen erfahren, der versprochen ist, und es hundertfach zurückbekommen. Das ist ein Prinzip Gottes. Ein anderer Grundsatz ist der, dass er uns alles – und möge es uns noch so unverständlich sein – nur aus Liebe ans Herz legt. Ich las und betete und lernte, und die Saat ging in meinem Innern auf.

Aber dann geschah etwas Sonderbares. Von einem Tag auf den anderen ergriff mich eine tiefe Unruhe. Fragen begannen mich unaufhörlich zu beschäftigen. Wieso hatte ich dieses neue Leben ERST JETZT entdeckt? Warum hatte ich so leiden müssen und meine Familie auch? Was waren unsere Sünden gewesen? Warum waren wir so hart gestraft worden von meinem Gott? Womit hatten wir das verdient? Und warum waren mir die Augen nicht früher geöffnet worden? Hätte sich so nicht vieles verhindern lassen?

Diese Gedanken ließen mich nicht los und ich verlor mich darin wie in einem Irrgarten. Ich wurde traurig und wütend und hing in meiner Vergangenheit. Ich drehte und wendete alles, was ich erlebt hatte, und suchte nach Gründen dafür. Ich wanderte durch meine eigene Geschichte und sah Tod, zerbrochene Ehen und Beziehungen, immer begleitet von Angst. Ich stolperte über meine verstorbenen Geschwister, floh vor meinem eigenen Versagen und spürte immer wieder diese Verlassenheit, die mein Leben geprägt hatte. Und ich wurde immer verbitterter. Durch dieses Denken geriet ich in eine Spirale von Depressionen. Ich wurde lethargisch, schlief viel und konnte mich schon morgens nur schwer aufraffen. Alles erschien mir zu schwer, zu mühsam.

Die Tiefs hatten weniger mit Gott zu tun als mit meinem eigenen Leben. Ich hatte keinen Zweifel an Gottes Güte. Aber ich konnte mir selbst nicht verzeihen, dass ich mich nicht früher zu Jesus bekehrt hatte. Und ich lag im tiefen Groll mit mir selbst, weil ich so viele falsche Entscheidungen im Leben getroffen hatte. Ich führte mir all die Situationen vor Augen und malte mir aus, wie es wohl gekommen wäre, wenn ich anders gehandelt hätte. Ich versank im Selbstmitleid, eine Spirale, die immer abwärts geht.

Aber Gott hatte seinen Weg mit mir gerade erst begonnen und so ließ er nicht zu, dass ich mich verlor, noch ehe ich mit ihm losgegangen war. Wenige Wochen nach dem Beginn meiner Selbstquälerei kam ein indischer Prediger in unsere Gemeinde. Ich ging hin, um ihn zu hören und mich einmal mehr bei meinem Pastor auszuweinen. Dieser bekam meine ganze Depression zu spüren. Ihm klagte ich mein ganzes Leid und Versagen. Er versuchte mir zu helfen, fand aber nicht die richtigen Worte.

Als der indische Prediger zu sprechen begann, hielt er plötzlich inne und sah mich an. Ich war eine von vielen, die in der Menge lauschten. Er drehte sich zu mir und sah mir direkt in die Augen. Er starrte ganz ohne Zweifel MICH an und sprach mit so lauter Stimme, das sie ein Echo in der Halle hinterließ: „Ich sehe, dass du aus einem Leben voller Probleme und Elend kommst. Aber Gott sagt: Du bist voller Bitterkeit und Groll. Um meines Namens willen: Werde das los! Du wirst staunen, was ich in deinem Leben tun werde! Ich habe dich für die Nationen berufen und für eine wunderbare Zukunft. Hör auf, dir selbst leid zu tun. Deine besten Jahre liegen noch vor dir!“

Ich starrte ihn an und ich kann es nicht anders beschreiben: Die Furcht Gottes kam über mich. Ich spürte im selben Moment, wie Gott mich mit dieser verbalen Ohrfeige aus dem depressiven Zyklus katapultierte. Ich begriff, dass es einen Unterschied zwischen bekehrt sein und Jesus nachfolgen gibt. Es war wie aus einer Quelle trinken oder gänzlich darin zu baden. Erst entscheidet man sich für Jesus und irgendwann kommt die Prüfung: Bist du bereit, alles aufzugeben und mir nachzufolgen? Das ist dann wahre Nachfolge. Ich verließ fluchtartig den Gemeindesaal und fuhr mit dem Auto auf einen Berg. Gott hatte mal wieder zu mir gesprochen. Ich wusste, dass ich etwas tun musste. Irgendetwas. Ich fragte Gott, was das sein sollte. Ich wusste um meine Bitterkeit und all den Groll. Aber ich hatte keine Ahnung, wie ich das loswerden konnte. Also rief ich zu ihm mit lauter Stimme.

„Ich zeige es dir“, hieß die sanfte Antwort in meinem Herzen, die ich deutlich verspüren konnte. Es überkam mich eine große Ruhe und ich fuhr nach Hause. Auf dem Rückweg rief mich mein Pastor an, der schon sehr besorgt gewesen war. Er hatte befürchtet, dass die Worte des Inders mich noch weiter in meine Depression getrieben hätten und dass ich mir etwas antun würde. Lachend und befreit konnte ich ihn beruhigen. Diese himmlische Ohrfeige war genau das, was ich gebraucht hatte.

Gott hatte gesagt, dass er mir zeigen werde, wie ich meine Bitterkeit loswerden konnte. Von Lena hatte ich gelernt, dass es immer zu bitteren Wurzeln im Herzen führen musste, wenn man noch Dinge, die bewusst oder unbewusst noch nicht vergeben sind, in sich trägt.

Ich wurde in den folgenden zwei Jahren durch ein Tal der Vergebung geführt. Als Erstes musste ich mir selbst vergeben, wegen meines Selbstmitleids. Ich hatte mir selbst viel vorzuwerfen. Ich hatte viele Fehler gemacht – mit meinen Männern, meinen Söhnen. Es gab allen Grund mich zu verachten. Um frei zu werden und die Bitterkeit loszuwerden, musste ich mir selbst vergeben. Immer wieder in meinem Leben. Bis heute.

Und nachdem ich mir selbst vergeben hatte, wollte ich auch den Anderen vergeben. Auf seltsame Art und Weise begegnete ich Menschen, denen ich vergeben musste. Angefangen bei Neville, George und meinen Söhnen, bis hin zu mir abwegig erscheinenden Personen, die ich bereits völlig vergessen hatte. Ich schrieb Briefe, suchte Menschen auf und manche begegneten mir einfach aus heiterem Himmel.

So zum Beispiel eine Lehrerin, die ich aus tiefsten Herzen verabscheut hatte. Sie hieß Frau Joubert. Ich kannte sie aus der Zeit, als ich 16 Jahre alt war und im Internat lebte. Zu dieser Zeit hatte ich lange, blonde Zöpfe. Ein Mädchen, das ganz ähnlich wie ich aussah, war nachts aus dem Fenster gestiegen und hatte sich mit einem Mann getroffen. Als er sie zurückbrachte und sie durchs Fenster wieder einstieg, hatte diese Lehrerin sie gesehen. Und sie glaubte, mich erkannt zu haben. Beim Abendessen am folgenden Tag stand sie auf und begann vor versammelter Runde zu sprechen: Sie fände es furchtbar, dass jemand so charakterlos und schamlos sein könne … und sie lamentierte und schimpfte und alle fragten sich, was sie eigentlich wollte. Und dann sagte sie: „Diese Person ist nachts aus dem Fenster geklettert und hat sich wie eine Hure verhalten. Sie ist zurückgekehrt und hat wohl gedacht, sie würde davonkommen." Sie drehte sich zu mir um und sah mich an: „Und damit jetzt alle wissen, wer es ist: Juliana Rossouw – ich rede von dir." Diese Scham und Bloßstellung! Ich war wie gelähmt. Alle Augen waren auf mich gerichtet. Ich fühlte mich nackt und angeklagt. Es wurde ihr später gesagt, dass ich nicht schuldig war. Ich hatte meiner Mutter davon erzählt und diese hatte es klar gestellt, aber der Schaden war bereits angerichtet. Und sie hatte sich niemals dafür entschuldigt.

Jetzt, über zwanzig Jahre später, traf ich diese Frau ganz unvermutet im Supermarkt. Wie aus dem Nichts tauchte sie plötzlich vor mir auf. Ich erstarrte, als ich sie sah. Diese Wunde saß tief. Ich hatte diese Frau völlig vergessen, einfach verdrängt. Und innerhalb einer Sekunde war alles wieder da: die Scham und das Gefühl der Bloßstellung, die Ungerechtigkeit. Ich atmete tief durch und wusste: Noch jemand, dem ich vergeben musste. Ich begrüßte sie so freundlich wie möglich. Sie erinnerte sich an meinen Namen. Wir wechselten nur ein paar Worte und ich spürte, dass es Zeit war, ihr zu vergeben. Ich tat es im Stillen. Und ich dachte, damit wäre die Sache erledigt. Dem war jedoch nicht so. Kurz darauf bei einem Rugbymatch, in einem ganzen Stadion voller Menschen, landete ich ausgerechnet auf dem Sitz neben dieser Frau. Wir kamen ins Gespräch und es stellte sich heraus, dass sie mittlerweile auch Christin geworden war. Sie bat mich um Vergebung. Auch sie war froh um unsere Begegnung, weil auch sie es bis zu diesem Tag belastete, dass sie mich so ungerecht beschuldigt hatte.

Ich hatte viel zu vergeben und viel um Vergebung zu bitten. Bei den einen wusste ich, dass es nötig war. So zum Beispiel bei Gerrit, dem Mann, den ich verlassen hatte. Alfredo, dessen Herz ich gebrochen hatte. Esther, die ich überfordert hatte mit meinem jungen Glauben. Einer Firma, bei der ich Schulden hatte. In anderen Fällen war mir das nicht so klar, aber im Gebet erforschte ich mein Gewissen und der Heilige Geist erinnerte mich an manche Situation, die ich längst vergessen hatte. Einmal, in einem anderen Job, hatte ich mit einem Mann geflirtet, der verheiratet war. Wir waren zusammen auf einer Dienstreise gewesen. Mir wurde eines Tages wie aus dem Nichts bewusst, dass das falsch gewesen war, und ich spürte, dass ich zu ihm hingehen musste und mich bei ihm entschuldigen. Ich machte ihn also ausfindig und entschuldigte mich. Es gab viele solcher Situationen und nicht immer verstand mein Gegenüber, was jetzt los war. In vielen Fällen jedoch fiel meine Bitte um Vergebung auf fruchtbaren Boden. Ich könnte noch viele mehr aufzählen. Es schien kein Ende zu nehmen. Ich spürte, wie meine Seele mit jeder Vergebung leichter wurde. Aber jede einzelne war eine Überwindung. Es war ein Prozess, bei dem ich lernte, was Demut bedeutet.

Gleichzeitig war das ein wunderbares Jahr mit viel Neuem. Ich entdeckte das Wort Gottes, hatte Gemeinschaft mit wunderbaren christlichen Freunden aus der „Gospel Outreach Centre"-Kirche. Der Pastor, Roy Wallace, und seine Frau Gerda waren eine große Inspiration für mich. Ich konnte sie alles fragen. Und ich hatte viele Fragen. Roy war ein begnadeter Bibellehrer. Für mich war alles so neu. Ich kam mir vor wie ein Forscher, der einen neuen Kontinent entdeckt. Ich verbrachte viele Stunden mit der Bibel, auch auf der Suche nach Antworten für mich und meine Familie.

Ich realisierte Schritt für Schritt, dass sich die ganze Bibel um den Kampf zwischen Gut und Böse dreht. Angefangen bei Adam und Eva – bis hin zur letzten Schlacht in der Offenbarung. Ich entdeckte, wer mein Erzfeind ist, wie er arbeitet und wie er in unser Leben kommt, um zu töten, zu stehlen und zu zerstören. Bis dahin hatte ich den Teufel für einen Mythos gehalten, um uns Kinder zu erschrecken und zu disziplinieren. Und ich dachte, dass Gott im Himmel säße und darauf wartete, uns wegen unserer Sünden zu bestrafen. Das ist das Bild, das ich als Kind in der Schule vermittelt bekommen hatte.

Langsam, aber sicher fing ich an, den Charakter Gottes näher kennen zu lernen. Auch wenn wir Gott niemals ganz begreifen können, so hat er sich uns doch in seinem Wort offenbart und gibt uns so die Möglichkeit, ihn verstehen zu lernen. Für mich, die ich vaterlos aufgewachsen war, war es wunderbar, dass Gott gleichzeitig auch Vater war. Mein Vater. Ein Vater, der uns Wohlstand geben will, Gesundheit, Leben, Besitz, Freiheit und Beziehungen. Ich fing an, Gott in den kleinen und in den großen Dingen zu entdecken. Ich merkte mehr und mehr, dass er mir sehr zugeneigt war. Und langsam entdeckte ich den Vater, nach dem ich mich immer gesehnt hatte.

Während dieser Zeit besuchte ein Bibellehrer unsere Gemeinde und gab ein Wochenendseminar über das Thema „Leben im Glauben". Die Erkenntnisse aus diesem Wochenende haben mein ganzes weiteres Leben geprägt. Der Lehrer hieß Neels Prinsloo. Er erklärte uns, dass wir immer gelernt haben zu glauben, was wir sehen. Aber auf unserem Weg mit Gott heißt es zu glauben, was wir nicht sehen können. Er lehrte uns, dass der Glaube uns in eine vierte Dimension versetzt. Wo wir das, was wir nicht sehen können, in der materiellen Welt sichtbar machen können. Ich war fasziniert. Ich hörte, dass wir Gott vertrauen könnten, das Unmögliche möglich zu machen. Wie es in Hebräer 11, Vers 1 geschrieben steht: „Glaube aber ist: Feststehen in dem, was man hofft. Überzeugt sein von Dingen, die man nicht sieht."

Auf jemanden wic mich, der immer zu kurz gekommen und viel Mangel gewöhnt war, wirkte diese Botschaft wie Regen auf trockenen Boden. Was ich brauchte oder suchte, hing nicht mehr davon ab, was ich verdiente, sondern woran ich glauben konnte. Ich begriff, dass es mit dem Glauben an Gott kein Limit gab. Der Glaube sprengt alle materiellen Grenzen. Es eröffnete sich mir eine ganz neue Wirklichkeit mit ganz neuen Möglichkeiten. Ohne den Glauben war ich an das gebunden, was ich mit meiner eigenen Kraft schaffen konnte. Jetzt aber durfte ich begreifen, dass Jesus den Preis für alles bereits gezahlt hat. Und dass wir Zugang zu seiner Herrlichkeit haben. Wir müssen nur danach greifen und dann wird alles möglich.

Er erklärte uns, dass am Anfang Gott die Welt aus dem Nichts geschaffen hatte. Nur mit seinem Wort. In der Genesis, der Schöpfungsgeschichte, steht immer wieder, dass Gott sprach und daraufhin etwas entstand. Erst Licht, dann die Erde, die Pflanzen etc.

Dann schuf Gott uns Menschen als sein Ebenbild. Und daher gab er auch unseren Worten die Kraft, zu schaffen oder zu zerstören. Pastor Prinsloo prägte uns ein: Wenn wir etwas von Gott möchten, sollten wir sicher sein, dass auch Gott damit einverstanden ist. Es geht nicht um mein eigenes Ego oder darum, meine Gelüste zu befriedigen. Um was ich bitte, soll meine Beziehung zu IHM fördern oder anderen um mich herum Segen bringen. Der nächste Schritt, so erklärte er, ist dann, so zu handeln, als ob ich bereits empfangen hätte, um was ich bat; im Glauben anzufangen, für diese Dinge zu danken, und sich schon mal auf das Ergebnis zu freuen. Und schließlich das Wort einzusetzen und laut zu verkünden, was Gott Gutes in meinem Leben tue. Ich beschloss es auszuprobieren: erstens zu glauben, dass Gott das Unmögliche möglich machen kann; zweitens meine Wünsche und Bitten darauf hin zu überprüfen, ob sie Gottes Willen entsprachen und Gutes entstehen würde; drittens die Bitten vor IHM laut auszusprechen; viertens in der Gewissheit, dass Gott unsere Bitten – die auf Sein Einverständnis geprüft wurden – erhören wird, schon für die Erfüllung zu danken und dies für die „unsichtbare Welt" auszusprechen. Und schließlich fünftens: Gott für die Erhörung unserer Gebete öffentlich zu danken. Und so begann meine Achterbahnfahrt mit Gott.

Ich hab dich je und je geliebt

Mit ewiger Liebe habe ich dich geliebt,
darum habe ich dir so lange die Treue gehalten.
(Jeremia 31,3)

Ich war hellauf begeistert von dieser Lehre, da ich spürte, wie sie meinen kleinen Horizont sprengte und sich große Weite vor mir auftat. Ich bekam die Broschüre einer Einladung zum Laubhüttenfest im Oktober 1987 in Israel. Als ich sie durchlas, hüpfte mein Herz. Ich wollte schon immer reisen. Israel faszinierte mich, da ich gerne die Orte sehen wollte, von denen ich in der Bibel gelesen hatte. Das war jetzt mein Traum! Im Psalm 122 singt David von einer Pilgerreise nach Jerusalem: „Ich freute mich, als man mir sagte: zum Hause des Herren wollen wir pilgern." Mein Pastor sagte, dass jeder Christ nach Israel pilgern solle, aber auch die Bibel wies mich darauf hin.

Ich tat so, als wäre die Reise bereits finanziert. Ich hatte nichts in der Hand außer meinen neuen Glauben. Pastor Prinsloo kam aus Pretoria. Ich schickte eine Anzahlung für die Reise in das Reisebüro nach Pretoria. Die Anzahlung war das ganze Geld, das ich aufbringen konnte. Als nächsten Schritt beantragte ich ein Visum, nachdem ich mir erstmal einen Pass hatte besorgen müssen. Ich war schließlich noch nie aus meinem Land herausgekommen.

Als Nächstes musste ich es laut aussprechen. Ich hatte gelernt, dass das gesprochene Wort Macht hat in der sichtbaren wie unsichtbaren Welt. „Tod und Leben stehen in der Macht der Zunge; wer sie liebevoll gebraucht, genießt ihre Frucht." (Sprichwörter 18,21) Wenn selbst Tod und Leben durch das Wort beeinflusst wurden, dann konnte auch meine Reise dadurch Wirklichkeit werden. Ich erzählte also jedem, dass ich nach Israel reisen würde. Und ich kam mir dabei – um ehrlich zu sein – ziemlich bescheuert vor. Ich hatte keine Ahnung, wie das funktionieren sollte. Ich wurde auch verspottet, gefragt, ob ich plötzlich im Lotto gewonnen hätte oder einen reichen Mann an der Angel hätte.

Ich wollte glauben und sehen, dass Gott meine Bitten erhörte und meine Wirklichkeit beeinflussen konnte. Ich war wie ein Kind, das gerade eben die Buchstaben in der Schule gelernt hat und jetzt ausprobiert, ob man aus den einzelnen Teilen tatsächlich eine Geschichte schreiben kann. Ich erzählte auch meinen Kindern, dass ich nach Israel reisen würde. Sie fragten: „Wer wird die Reise bezahlen, Mami?“ und ich antwortete: „Gott wird das bezahlen.“ Und ich sagte das mit ganzer Überzeugung. Mich selbst wollte ich im gleichen Moment genauso überzeugen wie sie. Natürlich hatte ich immer wieder Zweifel, aber ich sagte es mir so lange, bis ich es tatsächlich glaubte. Und ich handelte danach.

Ich beantragte Urlaub. Mein Chef wollte mir genau in dieser Zeit keinen Urlaub geben. Also kündigte ich kurzerhand am Monatsende August. Ich wollte es wirklich wissen! Mit meinem Urlaubsgeld, welches mir noch zustand, fuhr ich mit dem Bus nach Kapstadt, um mich von Charl in der Universität zu verabschieden. Von dort aus fuhr ich weiter nach Pretoria. Mein Bruder Bertie und seine Frau lebten damals dort, und ich konnte bei ihnen übernachten. Das waren nur sechs Tage vor dem geplanten Abflug. Die Reise war noch nicht bezahlt.

Da packten mich doch wieder ziemliche Zweifel. Als ich am Abend meine Bibel aufschlug, stieß ich auf folgende Bibelstelle:

„Hätte ich ihr etwa den Schoß öffnen sollen, ohne sie gebären zu lassen? spricht der Herr. Sollte ich, der die Frauen gebären lässt, ihnen den Schoß verschließen? spricht dein Gott. Freut Euch mit Jerusalem. Jubelt in der Stadt, alle die ihr sie liebt. Seid fröhlich mit ihr, alle die ihr über sie traurig wart. Saugt Euch satt an ihrer tröstenden Brust, trinkt und labt Euch an ihrem mütterlichen Reichtum. Denn so spricht der Herr: Seht her: Wie einen Strom leite ich den Frieden zu ihr und den Reichtum der Völker wie einen rauschenden Bach. Ihre Kinder wird man auf den Armen tragen und auf den Knien schaukeln. Wie eine Mutter ihren Sohn tröstet, so tröste ich dich, in Jerusalem findet ihr Trost. Wenn ihr das seht, wird euer Herz sich freuen und ihr werdet aufblühen wie frisches Gras." (Jesaja 66, 9–14)

Diese Stelle traf meine Situation genau und gab mir Mut durchzuhalten. Es war wie eine schwere Geburt für mich. Ich war bei meinem Bruder und wartete darauf, dass das Wunder geschehen möge: Dass von irgendwoher Geld kommen würde, damit ich in den Flieger nach Tel Aviv steigen konnte. Es war Freitag. Am Mittwoch sollte es losgehen. Am Montag bat ich meine Schwägerin, mich zu dem Reisebüro in der Stadt zu bringen. Als ich eintrat und mich vorgestellt hatte, sagte die Frau hinter dem Schalter sofort: „Ich habe versucht, Sie zu erreichen. Morgen vor 12 Uhr muss alles Geld bezahlt werden, sonst wird die Reise storniert."

Ich antworte: „Ja – es wird bezahlt sein."

Als wir gingen, fragte meine Schwägerin: „Juliana – du hast das Geld nicht, oder?"

Ich sagte: „Nein, aber ich vertraue darauf, dass es da sein wird."

„Das habe ich befürchtet", sagte sie und schüttelte ungläubig den Kopf. Es war damals wirklich nicht leicht für meine Familie. Ich verstand mich ja selbst kaum, wie hätten sie verstehen können, was mit mir geschah? Ich bat sie, meinem Bruder nichts davon zu erzählen, da er mich sicher für verrückt erklärt hätte. Am nächsten Morgen entschied ich, falls bis zum Abend nichts passiert sein sollte, am nächsten Morgen ins Reisebüro zu gehen und den Flug zu stornieren. Aber ich betete wie ein Weltmeister, dass das Wunder doch noch geschehen möge. Am nächsten Morgen fuhr mich meine Schwägerin wieder in das Reisebüro. Dieselbe Angestellte wie am Tag zuvor schaute auf und sagte: „Frau Bosma – wieder konnte ich Sie nicht erreichen." Sie sagte, sie hatte mich erreichen wollen, um mir zu sagen, dass ich mein Flugticket abholen solle. Und obgleich ich dafür gebetet und daran geglaubt hatte, konnte ich es in diesem Moment einfach nicht fassen. Sie gab mir das Ticket und ich starrte sie nur fassungslos an. Bis heute weiß ich nicht, wer die Reise bezahlt hat.

Als ich dann mit meiner Schwägerin hinaus ging, stieß auf dem Gehsteig einen Schrei aus: „Yeahhhhh ... ich fahre nach Israel!!!" Ich brüllte meine Freude hemmungslos heraus. Sie war ganz geniert. Ich fuhr also jubelnd nach Hause, um meine Koffer zu packen. Ich rief meinen Pastor und meine Kinder an und erzählte ihnen davon. Sie waren genauso fassungslos wie ich. Das war der Durchbruch.

Ich würde nach Israel reisen. Und Gott hatte sich darum gekümmert. Es gab eine Liste mit Dingen, die wir auf die Reise mitnehmen sollten. Ich hatte nichts davon und auch kein Geld, um etwas zu besorgen. Alles, was ich besaß, waren ein paar Kleider in meinem Koffer. Mein Bruder fuhr mich zum Flughafen. Als ich auf meine Reisegruppe traf, durchfuhr es mich plötzlich wie der Blitz. Was tat ich hier eigentlich?

Ich hatte noch nicht einmal zwei Euro bei mir. Ich hatte keinen Gedanken daran verschwendet, wie ich die Zeit DORT überbrücken würde. Hotel und Halbpension waren gebucht. In der Aufregung um das Ticket hatte ich aber keine Sekunde weitergedacht. In Panik musste ich irgend etwas tun und so kaufte ich mir eine Tafel Schokolade von meinen letzten Münzen. Als ich das Rückgeld entgegennahm, sprach mich plötzlich jemand mit Namen an: „Hey Julie – just hang in there with your faith." Ich wandte mich erstaunt um und sah eine dunkelhaarige Frau. Ich kannte sie nicht. Sie drehte sich um und ging weg. Sie verschwand in der Menge, bevor ich etwas erwidern konnte. Aber das Gefühl totalen Friedens erfüllte mich. Ich gesellte mich zurück zu meiner Gruppe und lernte die Mitreisenden kennen. Als ich schließlich im Flugzeug nach Tel Aviv saß, war ich so erschüttert und berührt, wie alles gekommen war, dass ich lange einfach nur ins Flugzeugkissen heulte. Und ich vertraute darauf, dass sich der Herr auch um alles Weitere kümmern würde. Ich betete und wusste, dass ich niemandem erzählen würde, dass ich kein Geld bei mir hatte. Das wollte ich nicht, da es mir sehr peinlich war und ich nicht wollte, dass die anderen Mitleid mit mir hatten oder denken könnten, ich sei arm.

In Tel Aviv im Hotel angekommen, teilte die Reiseleitung uns für die Übernachtung in Paare ein. Ich kam in mein Zimmer und kurz danach ging die Tür auf und eine Frau kam herein. Sie schleppte einen Koffer mit sich, der so groß war wie ein Sarg. Mit lauter Stimme begrüßte sie mich. Sie schaute erst mich an, dann meinen kleinen Koffer. Ich meinerseits sah sie und ihren riesigen Koffer an. Ohne ein Wort zu wechseln brüllten wir los vor Lachen. Sie erklärte mir, dass sie alles, was auf der Liste stand, doppelt besorgt hatte, ohne zu wissen, warum. Sie sagte, sie habe „ein Wort vom Herrn bekommen", das zu tun. Ihr Mann hatte gedacht, sie sei verrückt, als sie mit diesem fetten Koffer loszog. Jetzt wusste sie, warum. Wieder war ich fassungslos und jetzt auch amüsiert über Gottes Humor. Gott hatte für alles gesorgt. Ich brauchte mich nicht zu schämen, dass ich nichts dabei hatte.

Wir reisten von Tel Aviv erst nach Eilat und dann durch die Wüste, über Jerusalem nach Galiläa. Ich sah all die Orte, über die ich in der Bibel gelesen hatte. Meine Freude war riesig, als ich dort entlang gehen konnte, wo Jesus gegangen war. Und ich sah, was ich in den Evangelien gelesen hatte. Ich begann zu begreifen, dass ich durch die Wüste gehen musste, um selbst zu verstehen, was in meinem Herzen los war. Die vierzig Jahre meines Lebens, bevor ich Jesus mein Leben übergeben hatte, waren wie vierzig Jahre Wüste für meine Seele gewesen.

Und auch hier, auf dieser Reise durch das Heilige Land, mussten wir durch die Wüste. Mit dem Bus. Eng aneinander gedrängt, zeigte diese Fahrt jedem von uns sein eigenes Herz. Und oft einander auch das der anderen. Es war heiß und die meisten waren ungeduldig und gereizt. Ich lernte die Regeln der Wüste kennen: „Jeder Fremde ist ein Freund oder ein Gast, und alles, was ich besitze, teile ich.“ Wir waren 55 Reisende, und der Bus war brechend voll. Ich hatte gedacht, das sei der Himmel auf Erden, mit lauter Christen unterwegs zu sein. Aber wieder lernte ich eine Lektion in Sachen Demut: In der Gruppe war eine Frau, die unsere Nerven stark auf die Probe stellte. Diese ältere Dame murrte und klagte ständig. Ihre Zunge war scharf wie ein Messer, und sie wies andauernd alle zurecht. Nie war sie zufrieden und verkündete das auch laut. Einmal wagte ich, sie zurechtzuweisen, als sie kritisch über jemanden sprach. Da fuhr sie mir richtig über den Mund. Ich war jeden Tag herausgefordert, ihr zu vergeben. Und der Herr erinnerte mich daran, dass Jesus gesagt hat: wir sollen nicht sieben Mal, sondern sieben Mal siebzig Mal vergeben. Ich pries Gott für Jesu Gegenwart in meinem Innern, ohne die ich das gewiss nicht gekonnt hätte.

Auf dem Weg durch die Wüste kamen wir nach Masada. Dieser Ort war sehr beeindruckend. Dort hatten die Israeliten gegen die römischen Legionen ums Überleben gekämpft. Ich sah die Ruinen und konnte mir alles bildlich vorstellen. Gerade davor hatte ich den Kinofilm über die Geschichte Masadas gesehen. Unser Reiseleiter erklärte uns, dass wir, bevor wir in das Gelobte Land kommen, durch die Wüste müssten, um aus unserem persönlichen Ägypten herauszukommen. Da verstand ich, wie es im 5. Mose 8,2 steht: „Du sollst an den ganzen Weg denken, den der Herr dein Gott dich während dieser vierzig Jahre in der Wüste geführt hat, um dich gefügig zu machen und dich zu prüfen."

Wir freuten uns ungemein, als wir in Jerusalem ankamen. Wir waren in einem wunderbaren Hotel untergebracht. Ich genoss den Luxus in vollen Zügen. Klimaanlage, herrliche helle Zimmer. Ruhe und vor allem einmal eine Pause von den übrigen Gruppenmitgliedern. Der erste Tag in Jerusalem war als Ruhetag geplant. Aber dann kam unser israelischer Guide und sagte, er habe einen sehr günstigen Bus gefunden und er könne uns Jerusalem zeigen, bevor am nächsten Tag das Laubhüttenfest begann. So erlebte ich, wie Jesaja 66, 9–14, für mich Stück für Stück wahr wurde …

Unser Reiseleiter verkündete, dass wir entweder als geschlossene Gruppe oder gar nicht diesen Ausflug machen würden. Die Kosten würden geteilt werden. Bei diesen Worten wurde ich bereits unruhig. Ich hatte kein Geld. Auf der Busfahrt hatte ich immer das Glück gehabt, von jemandem zum Mittagessen eingeladen zu werden. Niemand hatte bisher mitbekommen, dass ich keinen Penny dabei hatte. Sie sagten, es koste sieben Dollar für jeden. Eigentlich lächerlich, aber mehr als ich hatte. Er sagte: Hand hoch, wer nicht mit kann oder will.

Ich wollte mich gerade melden, als jemand hinter mir meinen Arm herunter nahm und sagte: „Ich lade dich ein." Das war Belita, mit der ich dann auch für den Rest der Reise ein Zimmer teilte. Ich atmete erleichtert auf. Also brachen wir auf, um eine Tour durch Jerusalem zu machen. Wir besuchten den Saal, in dem die Jünger Pfingsten erlebt hatten. Der Saal befindet sich direkt über Davids Grab und bereits zur Zeit Jesu waren Pilger aus aller Welt nach Jerusalem gekommen, um das Grab dieses mächtigen Königs zu besuchen. Ich hatte mich immer gefragt, warum die Jünger zu Pfingsten in so vielen Sprachen hatten sprechen müssen, um verstanden zu werden. Jetzt wurde es mir klar: Es lag an Davids Grab!

In diesem Raum geschah das nächste Wunder. Während wir sangen und Abendmahl feierten, kam eine Frau auf mich zu, mit der ich bislang kein Wort gewechselt hatte. Sie sagte: „Gott will, dass ich dir sage, dass er dich jetzt heilt von allem Schmerz deiner Vergangenheit. So wie du Jesus angenommen hast im Glauben, so sollst du diese Aussage im Glauben annehmen."

Ich sah sie erstaunt an und nickte nur.

Sie ging wieder weg.

Für etwa fünf Minuten geschah gar nichts.

Dann stiegen plötzlich Tränen in mir herauf. Und ich begann zu weinen. Es war, als wären die Tore eines Staudamms geöffnet worden. Es begann aus mir heraus zu fließen. Merkwürdig war, dass ich nicht wusste, warum ich weinte. Aber ich konnte nicht aufhören. Es musste sich ein sehr großer Stausee in meinem Innern befinden. Ein paar Mitreisende kamen und wollten mich trösten, aber ich konnte einfach nicht aufhören. Alle Tränen mussten raus. Es floss und floss. Ich hörte irgendwann auch auf, mir das Gesicht zu wischen und ließ die Tränen einfach laufen. Ich spürte kein Selbstmitleid und keine Trauer oder irgendein Gefühl, das die Tränen hätte rechtfertigen können. Es war einfach so, als ob etwas ausgeleert werden müsse. Ich hatte keine Kontrolle darüber. Ich weinte und weinte und weinte. Es dauerte den ganzen Tag über an. Überall, wo wir hingingen. Ich weinte und weinte. Vom Rest der Tour bekam ich wenig mit. Ich konnte nichts dagegen tun. Am nächsten Morgen wachte ich bereits weinend auf. Es war sehr eigenartig. Mir ging nichts Besonderes durch den Kopf. Etwas in mir war losgelöst vom Jetzt. Ich weinte einfach weiter …

Am folgenden Tag hörte es plötzlich auf.

Genauso unerwartet, wie sie begonnen hatten, versiegten die Tränen. Und ein wundervolles, kaum zu beschreibendes Gefühl stellte sich ein. Es war, als säße ich in warmem Wasser, das sich sanft um mich bewegte. Vielleicht fühlt sich so ein Baby im Mutterleib. Geborgen, schwebend, leicht und geliebt. Wundervoll. Innerlich so entspannt, wie ich es in meinem ganzen Leben nicht erfahren hatte. Ich hätte die ganze Welt umarmen können. Dieses Gefühl hielt fast drei Tage an. Ich wusste, es war wie Jesaja 66, 13 sagt: „Freut euch mit Jerusalem. Jubelt in der Stadt, alle die ihr sie liebt. Seid fröhlich mit ihr, alle die ihr über sie traurig wart. Saugt euch satt an ihrer tröstenden Brust, trinkt und labt euch an ihrem mütterlichen Reichtum." Es war, als dürfe ich mich am mütterlichen Busen satt trinken. Ich erlebte am eigenen Leib, wie die Freude mich durchfloss und alle Trauer weggewaschen wurde. An diesem Tag hat Gott mich übernatürlich geheilt. Er hat mein Herz von allem Schmerz der vielen Jahre befreit. Ich bin IHM unendlich dankbar dafür. Es wurde mir einfach geschenkt.

So wie mir alles, wirklich alles, auf dieser Reise einfach geschenkt wurde. So, als wolle Gott mir zeigen, dass er es ernst meinte, wenn er sagt, dass wir ein Leben in Fülle haben sollen. Ich bekam eine ganz neue Wahrnehmung. Nicht nur erschienen mir alle

Farben frischer und intensiver, ich sah auch die Menschen anders an. Meine sonst recht scharfe Zunge hielt sich von selbst im Zaum, und anstatt mich über andere lustig zu machen, konnte ich mich ihnen ganz liebevoll zuwenden. Ich erkannte mich selbst kaum wieder. Gott hatte tatsächlich mein Wesen verändert. Es erschien eine Juliana, die er in seiner Liebe schon immer geplant hatte. Nichts davon hätte ich selbst bewerkstelligen können. Wie oft im Leben hatte ich schon versucht, mich zu ändern. Jetzt hatte Gott das übernommen. Ich konnte auch mich selbst ganz neu spüren und annehmen. Ich fühlte mich selbstbewusster und geliebt. Wie eine Frau sich fühlt, wenn ihr Geliebter sie voller Stolz, Bewunderung und Respekt betrachtet.

Und wie um mich zu ermutigen, geschahen beständig wundervolle Dinge. So zum Beispiel, dass ich am ersten Abend in diesem Hotel ein Kuvert unter meinem Kopfkissen fand. Es stand nichts darauf. Es waren 300 Dollar darin. Bis heute habe ich keine Ahnung, wer sie mir gegeben hat. Keiner der anderen wusste, dass ich kein Geld hatte. So war ich versorgt, ohne bangen zu müssen. Es passierte ein zweites Mal, dass ein Kuvert unter meiner Tür durchgeschoben wurde – nur mit meinem Namen drauf. Wen immer Gott auch benutzte, um mich zu versorgen: Ich bin unendlich dankbar, dass dieser Jemand einfach gehorsam war im Glauben an ihn. Denn diese Reise legte die Grundfesten meines Glaubens.

Am nächsten Tag fand ein Friedensmarsch durch Jerusalem statt. Unsere Pilgerreise war geplant im Rahmen einer weltweiten Pilgerreise und so waren verschiedene Gruppen aus vielen Völkern in Jerusalem. Verschiedene Nationen wanderten mit ihren Fahnen durch die Stadt. Ich ging mit Freunden auf den Ölberg zu den Marienschwestern, und wir warteten auf die anderen Pilger. Wir sahen sie von oben durch Jerusalem, durch das

Gidrontal bis zum Garten Gethsemane laufen. Es war wie in Jesaja 66,12 beschrieben: „Denn so spricht der Herr: Seht her: Wie einen Strom leite ich den Frieden zu ihr und den Reichtum der Völker wie einen rauschenden Bach.“ Ich sah die Völker wie einen Fluss herabströmen und über die Ufer spülen … es war ein wunderschöner Anblick.

Im Garten auf dem Berg der Seligpreisungen am See Genezareth wurde mir Zeit gegönnt, in Stille zu verweilen, bevor wir mit dem Boot auf den See hinausfuhren. Da legte Gott mir folgende Bibelstelle ins Herz: „Der Geist des Herrn ruht auf mir; denn der Herr hat mich gesalbt. Er hat mich gesandt, damit ich den Armen eine gute Nachricht bringe; damit ich den Gefangenen die Entlassung verkünde und den Blinden das Augenlicht; damit ich die Zerschlagenen in Freiheit setze und ein Gnadenjahr des Herrn ausrufe.“ (Lukas 4, 18–19)

Ich wusste in diesem Moment, dass diese göttliche Berufung von Jesus auch meine Berufung werden sollte. Auf dem Schiff, das wir dann bestiegen, habe ich mich wie einer der Jünger damals gefühlt. Die Seligpreisungen wurden uns vorgelesen und ich lauschte … und saugte alles in mich auf. Es war ein unbeschreibliches Gefühl. Das ganze Land und die Atmosphäre wirkten sehr stark auf mich.

Über unseren letzten Tag, den wir wieder in Jerusalem verbrachten, konnten wir frei verfügen. Gemeinsam mit Belita fuhr ich zum Gartengrab. Es liegt etwas außerhalb der alten Stadtmauern in einem wunderschönen Garten. Dort hatten wir einen herrlichen stillen Morgen. Ich ließ mein letztes Geld in den Opferkorb fallen, um mich für diese wunderbare Zeit zu bedanken. Als es anfing, kühl zu werden, machten wir uns auf den Rückweg. Ich hatte nicht einmal mehr Geld für den Bus. Und ich hatte große Lust auf eine schöne Tasse Kaffee, aber dazu reichte es nicht mehr. Nachdem Belita den Bus gezahlt hatte, hatten wir nur mehr ein paar Penny übrig. Wir kauften also ein paar Kekse, um sie dann im Hotel mit einem Glas Wasser zu essen. Als wir in dem Supermarkt um das erste Regal bogen, saß dort eine Frau, die Werbung für Kaffee machte. Ich musste innerlich und äußerlich lachen, dass Gott so gut ist, dass er selbst dieses Verlangen meines Innern gesehen hat. Wir bekamen Kaffee geschenkt und nicht irgendeinen, sondern sogar besonders guten. Es war für mich wundervoll, die Handschrift Gottes in diesen Kleinigkeiten zu erkennen. Und ich stellte mir vor, was er alles hatte in Bewegung setzen müssen, um dieses kleine Geschenk an diesem Tag für mich möglich zu machen. Wieder hatte ich kein Geld, aber ich war reich beschenkt worden.

Als letzte Station unserer Reise kamen wir nach Kana, dem Ort, wo Jesus sein erstes Wunder vollbracht hatte, indem er auf einer Hochzeit Wasser in Wein verwandelte. Wir machten an einer Oliven-Plantage Pause und ich stand unter einem sehr großen, alten Olivenbaum und betete. Unser Leiter und seine Frau kamen von hinten zu mir, legten mir die Hand auf und sagten: „Gott hat dich berufen, eine Stimme in Europa zu sein. Er hat große Pläne mit dir. So wie er dich auf dieser Reise geheilt hat, sollst du Seine Heilung zu den Nationen bringen." Es war für mich bezeichnend, dass das in Kana stattfand, wo Jesus sich offenbart hatte. Denn ich realisierte, dass ER mein Leben auch von Wasser in Wein verwandeln würde … Ich hatte bereits so viel mehr bekommen als nur eine Reise nach Israel. Gott hatte meinem Glauben auf dieser Reise eine feste Grundlage gegeben, meine Seele von allem Schmerz geheilt und mich erleben lassen, wie das Wort Gottes vor meinen Augen wahr wurde. Nun hatte ich zu guter Letzt auch noch meine Berufung bekommen …

Der Weg ebnet sich

Ich werde einen Engel schicken, der dir vorausgeht.
Er soll dich auf dem Weg schützen und dich an den Ort bringen, den ich bestimmt habe.
(Exodus 23, 20)

Als ich aus Israel zurückkam, spürte ich in meinem Herzen, dass ich zu George zurückgehen sollte. Ich dachte, wenn das wirklich so ist, dann müsse er mich auch wieder haben wollen. Und so kontaktierte ich ihn. Er war überglücklich und wollte nichts lieber, als dass ich kam. Mit großer Erwartung im Herzen ging ich zu ihm zurück. Nur mit meiner Kleidung und meiner Stereoanlage zog ich zurück nach Kapstadt zu George. Ich war überzeugt, dass Gott, so wie er jetzt mein Leben verändert hatte, auch Georges Leben verändern würde.

Nach nicht einmal drei Monaten war ich wieder auf dem Boden der Tatsachen angekommen. Das war hart. George stellte mich vor die Wahl: mein Jesus oder er. Er konnte es nicht ertragen, dass Jesus nun an erster Stelle in meinem Leben stand. Seine Eifersucht blühte voll auf und richtete sich gegen meinen Erlöser. Auch war ich so verändert, dass George nichts mehr mit mir anfangen konnte. Ich hatte mir das alles ganz anders vorgestellt und war furchtbar enttäuscht, und ich betete um eine Antwort. Ich bekam eine, die zwar nicht leicht war, mich aber eine wichtige Lektion lehrte: Gott hatte George mit meiner Rückkehr eine Gelegenheit gegeben, Ihn zu erkennen. Aber ich begriff dadurch auch, dass der Mensch den freien Willen bekommen hat, über den sich Gott niemals hinwegsetzen wird.

Nachdem ich George wieder verlassen hatte, hörte ich von Gott, dass ich alle meine Kleider verschenken sollte. Eines Tages kam mir der Gedanke einfach in den Kopf geschossen: Verschenk deine Kleider! Das hatte ich mittlerweile gelernt. Wenn ein Gedanke aus heiterem Himmel kommt, der nichts mit den Gedanken zu tun hat, die ich mir gerade mache, dann werde ich aufmerksam. Darum fing ich an, diesen Gedanken in mir wirken zu lassen und ihm Raum zu geben. Ich bat Gott, mir zu bestätigen, dass das sein Wille ist. Und ich merkte, dass der Gedanke mich nicht los ließ. Ich hatte mittlerweile erlebt, dass Gott es gut mit mir meinte, wenn er solche Dinge verlangte, aber innerlich rebellierte ich immer noch ein wenig. Ich hatte sehr viele, sehr schöne Kleider. Viel von meiner Identität hing immer noch daran, gut gekleidet zu sein. Ich war tief geprägt davon, da sich die Liebe meiner Mutter immer darin geäußert hatte, dass sie mich schön kleidete. Aber ich rang mich durch und war gehorsam. In der Gemeinde gab es Menschen, die Kleidung aller Art dringend brauchen konnten. Ich verschenkte alles, wenn auch nicht leichten Herzens. Ich behielt nur drei Kleidungsstücke zurück. Weil ich Gottes Weisung gehorchte, befreite er mich von meiner Kleidersucht. Es entpuppte sich zudem als erstaunlich angenehm, nur drei Kleider zu besitzen. Ich musste mir keine Gedanken mehr darum machen, was ich anzog. Später bekam ich von einer Frau aus der Gemeinde wunderschöne Sachen genäht, die ich auch annehmen durfte. Meine Identität hing nicht mehr daran und so konnte Gott mich beschenken. Diese Lektion habe ich oft in meinem Leben erlebt: Erst muss Gott mir etwas nehmen, um mich freizusetzen. Dann kann er es mir im Übermaß wieder schenken, ohne dass es mich gefangen hält.

1988 war ein Jahr des Loslassens. Selbst meine Stereoanlage gab ich weg. Ich jammerte, dass ich kein Geld hatte, um meinem

Sohn Charl etwas zum Geburtstag zu schenken. Und ich bekam vom Herrn die Weisung, ihm meine Stereoanlage zu schenken – das letzte Bindeglied an vergangene Tage. Es war mein einziger wertvoller Besitz, an dem ich sehr hing. Es war ähnlich wie mit den Kleidern. Der Gedanke schoss mir auf einmal in den Sinn. Es war eigentlich absurd. Charl war ein Rocker, der nur wilde Partys machen würde damit. Er machte mir in dieser Zeit große Sorgen. Er begann Haschisch zu rauchen und war nur noch auf Partys unterwegs. Mir waren die Hände gebunden. Er hörte nicht auf seine verrückte Mutter. Es machte keinen Sinn für mich. Ich machte also einen Deal mit Gott. Ich lebte etwas abgelegen und ich sagte zu Gott, wenn mich HEUTE jemand besuchen käme, dessen Auto groß genug war, meine Anlage zu transportieren, dann würde ich darauf vertrauen, dass dieser Gedanke von IHM kam. In diesen Tagen bekam ich unter der Woche nur sehr selten Besuch und wähnte mich deswegen auf sicherem Boden. Aus heiterem Himmel kam ein Lehrer aus der Gemeinde zu Besuch. Nur um Kaffee zu trinken. Einfach so. Ich wusste also sehr genau, dass es gut war, die Anlage zu verschenken.

Ich arbeitete damals in einem Möbelhaus. Mein Chef war Freimaurer und mochte offensichtlich keine Christen. Eine Kollegin von mir, mit der er eine Affäre hatte, bekehrte sich zum Christentum und erzählte mir davon. Dieser Chef tat alles Mögliche, um mich zu schikanieren. Nach sieben Monaten warf er mich hinaus. Ich war ohne Arbeit und musste nun wirklich anfangen, mein Vertrauen auf Gott in mir wachsen zu lassen. Jeden Tag aufs Neue musste ich lernen, mir keine Sorgen um den nächsten Tag zu machen.

Kurz nach der Kündigung kam ein „Prophet“ in unsere Gemeinde: Ed Traut. Ich hatte gehört, dass er kommen würde, und war sehr neugierig. Ich hatte in meinem Bibelstudium von den

Ämtern gelernt, von denen in Epheser 4,11–12 die Rede ist: „Und er gab den einen das Apostelamt, andere setzte er als Propheten ein, andere als Evangelisten, andere als Hirten und Lehrer, um die Heiligen für die Erfüllung ihres Dienstes zu rüsten, für den Aufbau der Gemeinde." Er wurde uns an einem Sonntagmorgen vorgestellt und ich fand ihn sehr sympathisch und zu meinem Erstaunen auch sehr lustig. Als ich in der Bibel über die Propheten im Alten Testament gelesen hatte, stellte ich mir diese großen Gestalten sehr streng und ernst vor. Humor hatte ich einfach nicht erwartet. Er sprach zu uns, pickte dann einfach Menschen aus der Versammlung heraus und fing an, ihnen erst etwas über ihre Vergangenheit zu sagen und dann, was Gottes Absichten mit ihnen für die Zukunft seien. Da ich die Personen kannte, war ich absolut in Erstaunen versetzt. Er redete mit ihnen, als würde er sie seit Jahren kennen. Dabei war er zum ersten Mal in dieser Gemeinde.

Dann deutete er auf mich und sagte mir, dass ich zwei Söhne hätte und dass ich mir um sie Sorgen machte. Aber auch, dass der Herr sage, ich solle mir keine Sorgen machen, da er auf sie schaue. Jetzt sei ich dran. Ed sagte, Gott würde mich jetzt vorbereiten und ich würde nach Europa gehen. Er sehe auch, dass Gott mich von vielem Schmerz geheilt habe und dass Gott mich nach Europa in einen Dienst berufen würde, der Menschen freisetzen würde, die noch gefangen sind. Auch um gebrochene Herzen zu heilen. Er sagte, er habe ein genaues Bild vor Augen: eine Klassenzimmersituation – Worte des Lebens, die das Leben der Menschen von Grund auf verändern. Ich lauschte mit großen Ohren und seine Worte bewegten mich tief. Am gleichen Sonntagmorgen prophezeite er auch einem verlobten jungen Paar, Sean und Trudi, mit denen ich gut befreundet war, dass auch ihr Weg nach Europa führen werde.

Seine Worte verliehen mir Flügel, weil es seit meiner Kindheit mein großer Traum gewesen war, nach Europa zu reisen. Der Gedanke begeisterte mich. Und weil er mich auf meine Söhne angesprochen hatte, wusste ich, dass er Wahres sagte – denn er konnte davon nichts wissen. Mir war klar, dass es Gottes Wort – durch ihn an mich gerichtet – war. Und ich glaubte es.

In meiner neuen Gemeinde half ich daraufhin dem Pastor. Ich sprang als Sekretärin ein, bei Krankenbesuchen und wo es eben sonst noch nötig war. Er konnte mich nicht bezahlen, also arbeitete ich nur für Kost und Logis. Ich vertraute darauf, dass Gott mir einen Job zeigen würde, und übte mich in Geduld und Demut.

Inzwischen war mein Sohn Glenn wieder bei mir. Er ging ganz in der Nähe auf ein Internat in Franschuek. Als ich wieder nach Kapstadt kam, fragte ich bei meinem Pastor, ob ich irgendwo in der Gemeinde wohnen könne. Der Gemeindebau war ein ehemaliges Gefängnis. Der einzige Platz, der sich bot, war ein Keller unter dem ehemaligen Offiziersbüro. Ich war nicht in der Situation, wählerisch zu sein, und zog ein.

Die Ältesten in der Gemeinde sagten, ich solle mir einen Job suchen, ich könne nicht mehr für den Pastor arbeiten. Meine Vernunft sagte mir, dass sie Recht hatten. Aber ich spürte, dass etwas anderes anstand. Ich wollte den Ältesten der Gemeinde nicht ungehorsam sein und besprach meine Gedanken mit dem Pastor. Dieser schicke mich wieder zu Ed Traut, da auch er nicht wusste, wie es mit mir weiter gehen sollte. Als ich Eds Büro betrat, sagte mir dieser: „Ich sehe, dass du nach Johannesburg gehst.“

Einfach so.

Ohne Begrüßung.

„Es ist stürmisch in deiner Gemeinde und du bist wie Jona auf dem Schiff, und Gott sagt, dass es Zeit ist, dass du heraus geworfen wirst aus diesem Schiff. Ich sehe, dass du um Weihnachten herum nach Johannesburg gehen wirst. Du wirst eine alte Bekannte treffen, die südlich von Johannesburg wohnt. Sie braucht dich jetzt. Sie braucht deine Ermutigung. Danach wird Gott dir die nächste Tür öffnen. Ich sehe, dass er eine Tür öffnen wird für dein Einkommen. Vor der Tür, die für das Einkommen steht, gibt es noch zwei Türen, die ich nicht unterscheiden kann." Das kam mir alles sehr sonderbar vor. Was waren das für Türen? Und wie konnte Ed so konkrete Aussagen machen?

Einen Tag nach Heiligabend rief mich mein Neffe Peter an. Er wollte mir Frohe Weihnachten wünschen. Ich erzählte ihm, dass ich glaubte, meine Zeit in Kapstadt sei vorbei, und dass ich nach Johannesburg gehen würde. Er antwortete prompt: „Ich fahre morgen nach Johannesburg und ich hole dich um sieben in der Früh ab." Ich fuhr spontan mit und wohnte ein paar Tage bei ihm und seiner Frau. Ich fragte ihn nach der großen freikirchlichen Gemeinde, die ich mir ansehen wollte: die Rhema-Gemeinde. Er brachte mich dorthin. Ich war beeindruckt von dem schönen Ambiente. Nach dem Gottesdienst, als wir uns durch die Menge nach draußen bewegten, hörte ich jemanden meinen Namen rufen. Als ich mich umdrehte, kam Belita auf mich zu – die Frau, mit der ich in Israel das Zimmer geteilt hatte. Sie fiel mir jubelnd um den Hals und fragte mich sofort, ob ich sie nicht besuchen kommen könne. Mein Erstaunen war nicht schlecht, als ich hörte, dass sie südlich von Johannesburg lebte. Ich wusste: da musste ich mitgehen. Ich wohnte einen Monat bei ihr und sie brauchte tatsächlich Ermutigung, da sie eine schwere Zeit durchlebte. Wie es mit mir weitergehen würde, wusste ich nicht. Gelegentlich musste ich an die zwei Türen denken, die Ed erwähnt hatte. Ich betete voll Vertrauen, dass Gott mir den nächsten Schritt offenbaren möge.

Eines Morgens wurde ich wach und hörte eine laute Stimme zu mir sagen: „Ich möchte, dass du auf die Bibelschule gehst." Das war das erste und bisher einzige Mal, dass ich Gottes Stimme hörbar vernommen habe. Es war spektakulär und schwer zu beschreiben. Es war eine tiefe Stimme, wie aus einem Donner heraus. Sie hinterließ ein Echo im Raum. Ich spürte eine absolute Gottesfurcht, die mich aus dem Bett springen ließ. Ich wusste, es gab kein Wenn und Aber, sondern dieses Kommando des Herrn der Heerscharen musste befolgt werden. Es dauerte lange, bis mein pochendes Herz sich beruhigte.

Ich konnte es kaum erwarten, mit Belita darüber zu sprechen, als sie nach Hause kam. Sie schlug vor, die Rhema-Bibelschule zu besuchen. Wir fuhren also gemeinsam dorthin, und sie akzeptierten mich unter der Bedingung, dass ich eine Arbeitsstelle fand. Die Bibelschule fand abends statt, nur für internationale Studenten vormittags. Am folgenden Tag rief ich in der Bibelschule an, um sie zu fragen, ob sie mir nicht bei der Arbeitssuche behilflich sein könnten. Sie amüsierten sich über meine Nachfrage, da sie Arbeit für ca. 200 weitere internationale Studenten suchten. Und es war nicht einfach, etwas zu finden. Doch am gleichen Nachmittag sagten sie, ich könne in einem Verlag anfangen, die jemanden mit Erfahrung in der Pressearbeit suchten. Also genau das, was ich konnte.

Ich tauchte dort also am nächsten Tag auf und erst schien alles ein Missverständnis zu sein. Sie suchten jemand ganz anderen, als Telefonistin und Hilfe für die Ablage.

Ich wusste, dass Belita mich nicht jeden Tag in die Stadt zur Bibelschule würde fahren können. Am selben Tag, als das Bewerbungsgespräch stattfand, schlug ich die Bibel auf und folgende Zeilen sprangen mir entgegen: Exodus 23, 20: „Ich werde einen Engel schicken, der dir vorausgeht. Er soll dich auf dem Weg schützen und dich an den Ort bringen, den ich bestimmt habe."

Daraufhin packte ich meinen Koffer und bat Belita, mich in die Stadt zu dem Büro der Bibelschule zu fahren. Ich sagte Belita, sie könne mich dort lassen, und fragte im Büro, ob es eine Wohnmöglichkeit gäbe. Die Sekretärin hatte keine Zeit, da viele Studenten kamen und sie in Beschlag nahmen. Belita wollte mich nicht einfach dort lassen. Aber ich versuchte sie zu beruhigen und sagte: „Gott hat gesagt, er schickt seinen Engel voraus und ich bekomme heute noch meine Wohnmöglichkeit."

Sie schüttelte ungläubig den Kopf. So saß ich da von sechs bis acht und wartete. Ungefähr um 8 Uhr sagte die Sekretärin: „Was? Sie sind immer noch da?" Ich fragte erneut nach einer Wohnmöglichkeit. Sie konnte mir nicht helfen. Noch während sie mich abwies, klingelte ihr Telefon und ich sah, wie ihr Gesicht erstaunt aufleuchtete. Sie legte auf und sagte: „Das glaub ich jetzt nicht, aber das war gerade eine Bekannte, die einen Platz für einen Bibelstudenten zum Wohnen frei hat." Um 9 Uhr packte ich meine Sachen in meiner neuen Wohnung aus. Am nächsten Morgen rief mich auch noch die Arbeitsstelle an und teilte mir mit, dass ich den Job doch bekommen hatte. Ich war erstmal einfach nur froh, einen Job zu haben.

Eds Prophezeiungen waren also alle eingetroffen. Erste Tür: Bibelschule, zweite Tür: Wohnung, dritte Tür: Arbeitsstelle. Ich arbeitete bis um 5 Uhr nachmittags und fuhr von dort aus immer direkt in die Bibelschule. Bis um zehn. Von Montag bis Freitag. Für zwei Jahre. In all dieser Zeit sah ich meine Kinder sehr wenig. Sie waren darüber nicht sehr glücklich. Es war das Jahr, in dem Glenn Abitur machte, Charl war in der Uni. Aber ich hatte Gottes Wort im Gedächtnis, dass er sich um sie kümmern würde. Dennoch fühlte ich mich schuldig, sie im Stich gelassen zu haben. An einem Samstagabend ging ich in meinen Hauskreis. Unser Gemeindeleiter kam bereits auf mich zu, als ich eintrat. Er meinte, er habe den Eindruck vom Herrn, dass ich mir Sorgen um meine Kinder mache. Der Herr hatte ihm folgendes Wort für mich gegeben: „Juliana: Ich weiß, du hast deine Kinder aufgegeben, ich habe meinen Sohn geopfert und Er sitzt zu meiner Rechten. Du hast deine Kinder um meinetwillen aufgegeben, und sie werden zu deiner Rechten sitzen." Das brachte eine unerklärliche Ruhe über mich. Und Gott hat es wahr gemacht. Vor dem Ende dieses Jahres 1989 zog ich in eine Wohnung, in der meine Kinder auch zu Besuch kommen konnten.

In diesem ersten Jahr auf der Bibelschule begann meine Begegnung mit dem Zerstörer.

Er raubt, tötet und zerstört

Der Dieb kommt nur, um zu stehlen, zu schlachten und zu vernichten, ich bin gekommen, damit sie das Leben haben und es in Fülle haben.
(Johannes 10,10)

Als ich begann, die Evangelien zu lesen, um mehr von Jesus zu lernen, wurde mir bewusst, dass es eine Welt hinter unserer Welt gibt. Eine Welt, die man nicht mit unseren Augen sehen kann. Aber eine Welt, die genauso real ist wie die Welt der Materie. Jesus wirkte viele Wunder: Er verwandelte Wasser in Wein, ging auf dem Wasser, vermehrte Fisch und Brot, damit Tausende essen konnten, befahl dem Sturm, still zu sein, weckte die Toten auf …

Und ich begriff, dass er wollte, dass ich mich in diese Dimension begebe. Er sagt beispielsweise: Wenn du zu diesem Berg sprichst und ihm befiehlst, sich ins Meer zu bewegen, und nicht zweifelst an dem, was du sagst, wird der Berg sich bewegen. Und Jesus meinte, was Er sagte, sehr ernst. Diese Worte wurden für mich der Schlüssel zum Übernatürlichen. Mir ging auf, dass Worte große Macht haben, denn Jesus sagt: Wenn jemand zu diesem Berg „sagt"! Es geht darum, es auszusprechen und mit ganzem Herzen an das Wort, das gesprochen wird, zu glauben. Denn Er sagt weiter: „Darum sage ich Euch: Alles, worum Ihr betet und bittet – glaubt nur, dass Ihr es schon erhalten habt, dann wird es Euch zuteil." Ich verstand, was ich bezüglich des Gebetes und Bittens bereits gelernt hatte.

Jesus kam, um die Werke des Bösen zu zerstören und uns zu erlösen. Als Er durch das Land zog und die Kranken heilte, sowie die, die von bösen Mächten besessen waren, freisetzte, lehrte Er auch, dass dies das Reich Gottes auf Erden bedeutete. Seine Wunder erstaunten alle und Tausende wurden beschenkt durch die Offenbarung himmlischer Kraft. Viele kamen zum Glauben, aber ebenso viele nahmen auch Anstoß daran, weil sie es sich nicht erklären konnten. Das war damals so und ist auch heute so.

So las ich eines Tages das Letzte, was Jesus seinen Jüngern sagte, bevor er in den Himmel aufgenommen wurde, in Markus 16,17–18: „Und durch die, die zum Glauben gekommen sind, werden folgende Zeichen geschehen. In meinem Namen werden sie Dämonen austreiben, sie werden in neuen Sprachen reden; wenn sie Schlangen anfassen oder tödliches Gift trinken, wird es ihnen nicht schaden; und die Kranken, denen sie die Hände auflegen, werden gesund werden."

Und ich realisierte, dass da stand: „Und die, die zum Glauben gekommen sind …", und da setzte ich meinen Namen ein, als eine, die zum Glauben gekommen war. Und ich bat den Heiligen Geist um die Gelegenheit, das zu erleben, was in diesen Zeilen versprochen wird. Ich war fasziniert von dieser Möglichkeit, die mein Begreifen überstieg.

Wenn man Gott um eine Gelegenheit bittet, etwas zu tun, sollte man sich nicht wundern, wenn Er diese auch bietet. Bei mir wurde es zum ersten Mal sehr konkret, als ich Ashley wieder traf. Ich lud ihn zum Abendessen ein, und als ich bei den Vorbereitungen war, bekam ich den Eindruck, dass böse Geister in ihm waren. Der Gedanke schoss mir durch den Kopf und erst dachte ich, ich würde mir das einbilden. Aber der Gedanke ließ mich nicht los. Und als Ashley schließlich kam, aßen wir, aber ich konnte fast nichts zu mir nehmen, weil dieser Eindruck so stark war.

Er merkte, dass mich etwas beschäftigte, und wollte wissen, was los sei.

Da sagte ich es ihm einfach: „Ashley, ich glaube du hast ein paar Dämonen in dir.“

Ich war erstaunt über seine Reaktion.

Er sagte ganz ernst: „Woher weißt du das?“

Ich antworte: „Ich glaube, der Herr hat mir das gezeigt.“

Ich war selbst unsicher, wagte mich aber mit diesem Gedanken vor.

Er sagte: „Ja, ich habe Dämonen – und was machst du jetzt?“

Ich fragte ihn, ob ich für ihn beten dürfte. Ich war total angespannt. Ich führte ihn ins Wohnzimmer und sagte, er solle sich auf das Sofa setzen – als ob der Raum einen Unterschied machen würde. Irgendwie kam es mir passender vor. Ich raffte all meinen Mut und Glauben zusammen und sagte einfach gerade heraus:

„Satan! In Jesu Namen – komm raus aus Ashley!“

Ashley saß dort auf dem Sofa und sah mich aus blauen Augen unschuldig an.

Es geschah nichts.

Ich wiederholte meine Worte.

Wieder sah er mich einfach nur an und nichts geschah.

Da wurde ich wütend und schrie ihn an:

„Raus aus meinem Freund in Jesu Namen!“

Da begann sich sein Gesicht zu verzerren. Es war furchtbar. Ich bekam es mit der Angst zu tun. Seine Augen verengten sich zu kleinen, bösen Schlitzen. Er sprang auf und kam auf mich zu. Er schrie und sein Gesicht sah völlig fremd aus. Ich sah tatsächlich den Satan auf mich zukommen. Es war eindeutig. Die Fratze des Bösen verzerrte die Gesichtszüge meines Freundes auf das Ungeheuerlichste. Alle Menschlichkeit war aus seinen Zügen gewichen.

Innerlich zu Gott schreiend wich ich zurück, aber dann spürte ich, wie in diesem Moment etwas in mir aufstand. Der Löwe Judas war erwacht. Ich spürte eine Gegenkraft in mir. Und ich wusste, dass es die Kraft Gottes war, denn plötzlich hatte ich keine Angst mehr. Ich machte wieder einen Schritt auf ihn zu, zeigte mit meinem Finger auf ihn und sagte mit fester Stimme:

„In Jesu Namen – raus mit dir."

Ashley stürmte an mir vorbei, stolperte über die Stühle und blieb still auf dem Boden liegen. Ich atmete erstmal erleichtert auf und wartete gespannt. Dann rappelte er sich auf. Mit verwundertem Gesichtausdruck sah er mich an. Seine Augen waren klar. Jede Verzerrung war aus seinen Zügen gewichen. Er sagte verblüfft:

„Ich bin frei!"

Ich musterte ihn vorsichtig. War das gerade wirklich geschehen? War er tatsächlich frei geworden? Allem Anschein nach ging es ihm gut. Und wenn er sagte, er sei frei, dann spürte er das auch. Er war ein ehrlicher Mensch. Ich habe es nicht hinterfragt, sondern in diesem Moment einfach angenommen. Die Zukunft würde zeigen, was tatsächlich geschehen war.

Wir waren beide so erleichtert, dass wir in lautes Gelächter ausbrachen. Ich hatte meine erste Feuerprobe überstanden. Dann erzählte er mir, dass er immer viel Hass und Wut in sich gespürt hatte. Er war oft in Prügeleien verstrickt gewesen. Und er hatte eine so große Aggression in sich, die er manchmal kaum kontrollieren konnte. Er war von einem Moment auf den nächsten ganz befreit, sprang um mich herum und bedankte sich überschwänglich. Seit diesem Tag ist er nie wieder aggressiv gewesen.

Ich kehrte zurück zur meinem Bibelstudium und las von den Jüngern, die jubelnd zurück zu Jesus kommen und sagen: Sogar die Dämonen gehorchen uns, wenn wir deinen Namen aussprechen. Ich konnte mit ihnen fühlen, weil ich dieselbe Euphorie in mir spürte. Ich verstand, wie sie sich gefühlt hatten! Und Jesus antwortete auf die Aussage seiner Jünger: „Ich sah den Satan wie einen Blitz vom Himmel fallen. Seht, ich habe euch die Vollmacht gegeben, auf Schlangen und Skorpione zu treten und die ganze Macht des Feindes zu überwinden. Nichts wird euch schaden können. Aber freut euch nicht darüber, dass euch die Geister gehorchen, sondern freut euch darüber, dass eure Namen im Himmel verzeichnet sind." (Lukas 10,18) Ich begriff, dass ich mich freuen soll und jubeln, aber dass mein Blick immer auf das Leben und Jesus selbst gerichtet sein müsse. Das Böse soll bekämpft werden, aber ich darf der Faszination des „Besiegen-Könnens" nicht erliegen.

Aus der Schrift lernte ich mehr über den Satan. Ich lernte, dass Luzifer ein Erzengel gewesen war, mit unglaublicher Schönheit und Musik in sich. (Jesaja 14, 11ff) Er hat sich über Gott erhoben und rebelliert. Und so wurde er mit einem Drittel der Engel aus dem Himmel auf die Erde verbannt. Was für ein katastrophaler Tag das im Himmel gewesen sein muss! So wurde er zu diesem gefallenen Geschöpf, das durch seine kluge Niederträchtigkeit Adam und Eva verleitete, Gott ungehorsam zu sein. Und diese Tat zerstörte die perfekte Beziehung, die der Mensch bis dahin zu Gott gehabt hatte. Und Satan wurde zum „Herrn dieser Welt".

Ich wusste, dass die Bibel von Anfang bis Ende die Darstellung eines ewigen Kampfes zwischen Gut und Böse ist. Tief in mir wusste ich: Gott ist ein guter Gott und der Teufel ein böser Teufel! Für Jahre hatte ich geglaubt, dass Gott weder gerecht noch liebend war. Ich hatte geglaubt, dass Gott an allem schuld war, was mir Schlechtes im Leben widerfahren ist. Aber durch sein

Wort entdeckte ich, dass er uns Menschen in seiner großen Liebe die Freiheit des Willens gegeben hatte. Sein größtes Zeichen der Liebe war, dass er seinen geliebten Sohn Jesus sandte, damit er für uns gerichtet wurde. Für mich persönlich. Für alles, was ich und meine Familie verbrochen haben. Gott in seiner Weisheit wusste, dass ich niemals meine menschliche Schwäche und meinen Egoismus, Stolz und meine Rebellion loswerden konnte, die ich von meinen Vorfahren geerbt hatte. Wenn es Jesus nicht gegeben hätte, würde die Schuld von Generationen auf mir lasten. Er hat das Böse in unserem Leben überwunden und alle Schuld auf sich genommen.

Warum? Warum Gott uns so sehr liebt, obgleich wir ihm ständig nur Probleme bereiten, wird mir immer ein Mysterium bleiben. Er liebt uns, das ist Tatsache. Und da Er heilig und perfekt ist und die Sünde ihm ein Gräuel, kann Er es nicht ertragen, dass wir verloren gehen. Er hat darum das Kostbarste geopfert, was Er hatte: seinen eigenen Sohn. Der ohne jegliche Sünde war. Und der mit seinem Tod unser aller Sünde getragen hat. Wie tief trafen mich diese Worte ins Herz: „Denn Gott hat die Welt so sehr geliebt, dass er seinen einzigen Sohn hingab, damit jeder, der an ihn glaubt, nicht zugrunde geht, sondern das Ewige Leben hat." (Johannes 3,16)

Jeder Mensch erfährt, dass er netter, besser und lieber sein möchte, es aus eigener Kraft jedoch nicht schafft … und warum? Wenn man doch alles versucht, um sich zu bessern? Es ist wie mit meiner Nikotinsucht. Ich hatte alles versucht, um das Rauchen aufzugeben. Aber ich war immer wieder schwach geworden. Bis Gott mich mit einem Schlag davon befreite, als Lena dafür betete. Scheinbar ohne mein Zutun, aber ich hatte aktiv ja sagen müssen. Ich musste es wollen und auch annehmen.

Durch meine Bibelstudien entdeckte ich, dass Gott in seiner Liebe für uns Menschen uns ein Leben in Fülle schenken will. Ich entdeckte aber auch, dass er bei denjenigen, die anderen Götter dienen und sich gegen ihn auflehnen, die Folgen ihrer Sünden bis in die vierte Generation zulassen wird. „Bei denen, die mir Feind sind, verfolge ich die Schuld der Väter an den Söhnen und an der dritten und vierten Generation“ (5. Mose 5,9), und in Exodus 34,6–7 steht ganz klar: „Er verfolgt die Schuld der Väter an den Söhnen und Enkeln, an der dritten und vierten Generation.“

Das Wort Gottes besteht nicht nur aus Gesetzen, sondern aus Prinzipien. Es gibt geistliche und physische Prinzipien, die sich im Wort Gottes immer wiederholen. So gibt es einzelne Beschreibungen, die einmalig vorkommen und so zeitspezifisch gedeutet werden dürfen. Es gibt jedoch auch so genannte Göttliche Prinzipien, die sich durch die ganze Bibel ziehen.

So steht in der Bibel immer wieder, dass die, die Gott lieben und seine Prinzipien achten, viel Segen erhalten werden. Wenn wir sündigen, öffnen wir dem Feind ein Einfallstor. Und im Zustand nach der Sünde hat er ein legales Anrecht darauf, uns zu bestehlen, zu zerstören und zu töten. Weil wir es ihm eingeräumt haben durch die Sünde. Nun gibt es die Einstellung, einem Christen könne ja nichts mehr passieren, wenn er sein Leben in Jesu Hände gegeben hat, da jetzt Jesus für ihn streitet. Aber das stimmt nicht. Jesus HAT den Streit bereits gewonnen. Und jeder Mensch ist dazu berufen, ein aktiver Mitstreiter zu sein und die Waffen, die Jesus ihm hinterlassen hat, zu nutzen. Mit seinen letzten Worten sendet er seine Jünger aus, um Dämonen auszutreiben. Er sagt nicht, sie seien alle bereits ausgetrieben, weil er auferstanden ist. Er ruft seine Jünger auf, aktiv zu werden. Es liegt keine Erlösung in der Passivität.

Jesus hat den Preis für uns bereits gezahlt. Aber wir müssen uns in Bewegung setzen und es annehmen. Wir müssen in Anspruch nehmen, was uns legal zusteht. Er zwingt es uns nicht auf, da er sich nicht über unseren freien Willen stellt. Durch Jesus sind die Gesetze nicht aufgehoben, aber seine Gegenwart in uns lässt das Gesetz der Liebe Wirklichkeit werden. Dennoch gelten für die Welt die Gebote Gottes, die Jesus mit seinem Kommen nicht aufgehoben, sondern vollendet hat. Tun wir also Dinge, die Gott ein Gräuel sind, so öffnen wir die Tür, die dem Feind ein legales Anrecht gibt, uns zu zerstören und zu töten. Dieses Prinzip wiederholt sich in der Bibel. Jesus ist gekommen, um dieses legale Anrecht des Feindes aufzuheben. Er musste alle Schuld auf sich nehmen, um uns einen Weg in die Freiheit zu bahnen. Und er hat es getan. Und doch ist es immer noch an uns, freien Willens ja zu sagen zu diesem Geschenk.

Im 5. Buch Mose 28 werden Segen und Fluch genau beschrieben. Jetzt begann ich zu verstehen, dass wir, obwohl meine Geschwister und ich nicht wirklich schlechte Menschen gewesen waren (dafür hatte unsere strenge Mutter schon gesorgt), bestimmte Belastungen von unseren Vorfahren geerbt hatten. Leider weiß ich nicht, was meine Vorfahren alles angestellt haben, da ich von Seiten meines Vaters nichts und von meiner Mutter nur wenig weiß. Aber an den tragischen Schicksalen konnte ich erkennen, dass es schlimm gewesen sein musste. Ich konnte die Auswirkungen sehen: Fluch lag auf meiner Familie – vor allem vorzeitiger Tod, durch Selbstmord, durch Krankheiten und Armut. Wiederkehrende Muster des Versagens zogen sich durch meine Familie, zerbrochene Ehen, Scheidungen und zerstörte Familien. Ich selbst war das beste Beispiel dafür.

Als ich das realisierte, wurde ich richtig wütend auf den Teufel. Es packte mich ein heiliger Zorn. Vor allem, als meine Söhne begannen, in seine Fänge zu geraten. Sie gerieten in Abhängigkeit von Drogen und Alkohol. Ich wusste aus der Schrift, dass Jesus mir die Macht über die Werke des Feindes gegeben hatte. Und zum ersten Mal in meinem Leben begann ich, gegen diese bösen Mächte, die in meiner Familie am Wirken waren, zu kämpfen. In Epheser 6 fand ich meine Waffen, und ich begann sie einzusetzen. „Zieht die Rüstung Gottes an, damit ihr den listigen Anschlägen des Teufels widerstehen könnt. Denn wir haben nicht gegen Menschen aus Fleisch und Blut zu kämpfen, sondern gegen die Fürsten und Gewalten, gegen die Beherrscher dieser finsteren Welt, gegen die bösen Geister des himmlischen Bereichs. Darum legt die Rüstung Gottes an, damit ihr am Tag des Unheils standhalten, alles vollbringen und den Kampf bestehen könnt. Seid also standhaft: Gürtet euch mit Wahrheit, zieht als Panzer die Gerechtigkeit an und als Schuhe die Bereitschaft, für das Evangelium vom Frieden zu kämpfen. Vor allem greift zum Schild des Glaubens! Mit ihm könnt ihr alle feurigen Geschosse des Bösen auslöschen. Nehmt den Helm des Heils und das Schwert des Geistes, das ist das Wort Gottes."

Am Anfang fühlte sich das für mich sehr eigenartig an. Ich schrie Bibelstellen in die Luft und proklamierte das Wort Gottes und jeder, der mich gesehen hätte, hätte mich wohl in die Psychiatrie eingewiesen. Aber ich hatte genug von der Zerstörung in meiner Familie. Ich war verzweifelt, war jedoch sicher, das Richtige zu tun, denn auch Jesus hatte so gehandelt, indem er dem Teufel entgegenschleuderte, was „geschrieben steht". Das Wort war also mein Schwert. Und ich kämpfte wie eine Löwin, die ihre Jungen verteidigt.

Langsam, aber sicher bemerkte ich Veränderungen. Meine Söhne wandten sich dem Herrn zu, nachdem sie anfangs nichts mit ihm zu tun haben wollten. In vielen Beispielen zeigte sich, dass der Kampf siegreich war. Charl fürchtete sich zu heiraten, was angesichts meiner gescheiterten Ehen kein Wunder war. Eine von seinen Freundinnen, die er drei Jahre lang hatte, verließ ihn deswegen. Jedes Mal wenn sie nur das Wort Ehe erwähnte, rastete er aus. Beim letzten Mal war ich Augenzeuge gewesen und wusste, dass er von einer undefinierbaren Angst beherrscht wurde. Angst vor Verbindlichkeit. Angst vor Verantwortung und Hingabe an eine Person. So fing ich an, für ihn zu beten und aktiv gegen diesen Geist der Angst vorzugehen. Kurz darauf begegnete er seiner heutigen Ehefrau und bat sie, ein paar Tage nachdem er ihr begegnet war, ihn zu heiraten. Das war ein Wunder.

Glenn hatte fünf verschiedene Jobs innerhalb von zwei Jahren. Ich merkte, dass es sich wie ein Muster wiederholte. Er versagte immer wieder. Jedes Mal fing er irgendwo an und musste ein paar Monate später wieder gehen. Entweder wurde ihm gekündigt, oder die Firma ging pleite. Es dauerte eine Weile, bis ich diesen Teufelskreis erkannte. Also vermutete ich, dass ein Fluch des Versagens auf ihm lag. Ich brach diesen Fluch in Jesu Namen. Und sein nächster Job entpuppte sich als großer Segen, und er hatte endlich Erfolg. Im Laufe der Zeit sah ich aber, dass er nicht das tat, wozu Gott ihn berufen hatte: nämlich Menschen zu helfen und nicht Geld zu scheffeln.

Ich fastete und betete für ihn. Ich hatte gelernt, dass ich, indem ich meinem Körper die Nahrung entziehe, geistig empfänglicher und sensibler werde. Es wird eine geistige Kraft und Autorität entfesselt, da wir nicht von den Dingen um uns abgelenkt werden. Ich betete, dass Glenn die Freiheit bekommen würde für das, was Gott in seinem Leben wollte. Drei Monate später ließ er seinen Job hinter sich – zum ersten Mal entschied Glenn sich für die Kündigung, nicht anders herum. Und im gleichen Jahr begann er ein Zentrum aufzubauen, das jungen Studenten half, erfolgreich zu sein.

Aufgrund meiner gescheiterten Ehen und der hohen Scheidungsrate unter meinen Geschwistern war es für mich sehr wichtig, dass meine Söhne die richtigen Frauen heirateten und nicht nur ihren eigenen Ideen folgten. Sie sollten zu den Frauen finden, die Gott für sie bestimmt hatte. Da ich wusste, dass sie lieber Schönheit als Charakter heiraten würden, wie alle jungen Männer, betete ich mit tiefer Inbrunst. Ich bat Gott sogar, mir die richtigen Frauen zu zeigen, bevor meine Söhne sie als ihre Frauen erkannt hatten. Und in beiden Fällen wusste ich um meine Schwiegertöchter, bevor meine Söhne sie kannten. Ich konnte ihre Ehen von ganzem Herzen segnen. Als Mutter hat Gott mir meine Söhne zur „Verwaltung“ gegeben, und es war meine Aufgabe, sie im Gebet so zu begleiten. Erst als sie verheiratet waren, konnte ich die Verantwortung abgeben. Heute bin ich Gott sehr dankbar für meine Schwiegertöchter, die durch viele Höhen und Tiefen des Lebens an der Seite meiner Söhne gegangen und geblieben sind. Bis heute hat Gott die Ehen meiner Kinder beschützt, und obgleich meine Söhne nicht perfekt sind, führen sie gute Ehen. Ist das Schicksal? Haben sie einfach nur Glück gehabt?

Für mich ist es eindeutig, dass es nichts mit Schicksal oder Glück zu tun hat. Es ist ein klares Beispiel für die Befreiung durch Gottes Segen. Als Mutter kann ich für meine Kinder eintreten vor Gott und Flüche und Belastungen meiner Vorfahren für meine Kinder ans Kreuz tragen und unschädlich machen. Leider geht das nur für mich und meine Nachkommen und nicht für meine Geschwister.

Wenn ich das Leben meiner Geschwister und deren Kinder anschaue, dann sehe ich, wie sich das Unglück meiner Generation bei ihnen fortsetzt. Drei von meinen Neffen und Nichten starben, bevor sie 40 Jahre alt wurden. Ein Neffe beging Selbstmord. Zwei starben am Herzinfarkt. Vier sind geschieden. Manche waren ständig arbeitslos. Einer verlor sein Bein, als er über eine Landmine fuhr. Es gibt noch viele Beispiele. Irgendwann habe ich angeboten, für meine Familie zu beten, was sie aber ablehnte. Ich fand es sehr traurig, dass ich so vielen Menschen helfen konnte, von Flüchen frei zu werden, aber meiner eigenen Familie nicht. Aber warum sollte es mir besser ergehen als Jesus selbst, der sagt, dass der Prophet im eigenen Land nichts auszurichten vermag? (Matthäus 13,57)

Ich hatte in meinem persönlichen Leben viel Mangel erlebt und obwohl ich meine ganze eigene Kraft eingesetzt hatte, um beruflich erfolgreich zu sein, war es, als ob der Himmel über mir wie Erz war, wie im 5. Mose 28, 23 geschrieben steht. Es bewegte sich nichts. Ich kam nicht vorwärts und verdiente immer sehr wenig.

Es war tatsächlich so, als ob ich in Erz und Eisen eingeschlossen wäre. An allem, was man bekommt, ist Rost, wenn man daran kratzt. Ich war immer im Handel tätig, aber mein Einkommen war immer nur so, dass wir gerade überleben konnten, ganz gleich, wie sehr ich mich anstrengte. Es war ein furchtbares Gefühl, immerzu zu versuchen und immer an die Wand zu laufen. Und dabei sah ich viele meiner Kollegen, die weiter kamen und Erfolg hatten. Das führte natürlich zu noch mehr Frust!! Ich wollte manchmal schreien vor Wut.

So hatte ich beispielsweise in dem großen Möbelgeschäft einen Kollegen. Wenn ein Kunde hereinkam, dem ich mich zuwandte, wollte er immer nur das kleinste Stück haben und hielt mich mit Belanglosigkeiten auf. Mein Kollege erwischte immer die Kunden, die ganze Garnituren kauften. Und da wir auf Provisionsbasis bezahlt wurden, hatte das für mich spürbare Folgen. Das ging einfach nicht mit rechten Dingen zu. Als Neville immer wieder keinen Unterhalt zahlte, musste ich die meiste Zeit für die Familie sorgen. Diese Bremse hielt auch an, nachdem ich Jesus angenommen hatte. Ich konnte das nicht verstehen. Jetzt hatte ich den Glauben gefunden und Jesus mein Leben übergeben. Doch schien Gott mir in diesem Aspekt nicht weiterhelfen zu wollen. Ich hatte aber bereits gelernt, dass Gott immer gut ist. Also musste es einen Grund geben, warum sein Segen mich nicht erreichte.

Eines Tages lernte ich, dass es einen so genannten Armutsgeist gibt: eine innere Grundhaltung der Armut, verursacht durch Mangel, Geiz oder schwere Verluste bei unseren Vorfahren. Vielleicht auch eine Entscheidung über mich selbst, dass ich niemals erfolgreich sein würde. Ein Geist setzt sich immer dort fest, wo Satan durch Betrug und Unrecht einen legalen Anspruch bekommen hat, den uns zustehenden Segen von uns abzuhalten. Mir wurde klar, dass dieser Geist in unserer ganzen Familie gegen uns arbeitete, da es uns allen so erging.

Die Auswirkung davon war, dass, sobald Geld hereinkam, es plötzlich irgendwo in einem Loch verschwand. Oder – in jedem Dezember hatte ich finanzielle Schwierigkeiten und einen Kampf ums Überleben bis in die nächsten Monate hinein. Mir wurden des Öfteren Beförderungen versprochen, aber tatsächlich befördert wurde ich nie. Manchmal hätte es nicht viel gebraucht, um weiter zu kommen … aber das letzte Bisschen fehlte. Oder als ich im Immobiliengeschäft Häuser verkaufte – ich hatte oft alles abgewickelt, aber im letzten Moment wurde der ganze Verkauf durch eine banale Kleinigkeit aufgehalten. So etwas geschah mir ständig. Wie eine unsichtbare Hand, die immer alles blockierte, was an Gutem zu mir hätte kommen sollen. Auch meine Söhne litten unter diesem Phänomen der Erfolglosigkeit. Und so benutzte ich die Waffen, die Jesus mir in seinem Wort gezeigt hatte, um diesen Fluch ein für alle Mal zu brechen.

Was wir nicht sehen

Jesus fragte ihn: Wie heißt du?
Er antwortete: Mein Name ist Legion, denn wir sind viele.
(Markus 5,9)

Die zwei Jahre Bibelschule waren für mich wie eine ständige Offenbarung. Jeder Tag brachte eine neue Erkenntnis mit sich. Mein langweiliger Job entpuppte sich als Segen, da ich so Zeit hatte, alles durch meinen Kopf fließen zu lassen und zu verarbeiten. Aber auch in der Praxis wurde ich nicht enttäuscht oder unterfordert. Wo die Schule ihre Grenzen hatte, nahm der Heilige Geist mich ziemlich direkt in seine Schule der praktischen Heilung und Befreiung.

So traf ich während der Bibelschule eines Sonntagmorgens einen jungen Mann namens Steven. Er saß neben mir im Gottesdienst. Ich realisierte, dass er fix und fertig war. Er war sehr dünn. Ein attraktiver junger Mann, aber ausgemergelt und offensichtlich homosexuell. Er saß neben mir und zitterte. Ich fühlte Erbarmen für ihn und ich merkte, dass er große Not litt. Ich stellte mich ihm vor und nach dem Gottesdienst kamen wir ins Gespräch. Ich lud ihn ein, einmal zu mir zum Kaffee zu kommen. Dankbar nahm er die Einladung an und kam am gleichen Nachmittag vorbei. Das war der Anfang eines ziemlich intensiven Weges mit ihm. Kurz davor hatte er sich entschieden, Jesus nachzufolgen, wie er mir erzählte. Und doch lief nichts in seinem Leben richtig. Ich merkte sofort, dass er wirklich an einem Tiefpunkt angelangt war. Am Rande eines Nervenzusammenbruchs. Hier hatte ich ein lebendes Beispiel vor mir, dass eine Person dem Satan legales Anrecht eingeräumt hatte.

Er hatte gerade seine Arbeitsstelle verloren und war in großer seelischer Not. Er berichtete, dass er nicht mehr schlafen könne und dass ihn nachts ständig etwas quäle. Ich verstand erst nicht. Er sagte, er habe negative Gedanken bis hin zu Selbstmordfantasien. Aber er realisierte, dass das nicht aus ihm selbst kam. Er war dennoch wie in Fesseln gefangen – Selbsthass, Drogen, Minderwertigkeitsgefühle. Er wusste darum, kam aber einfach nicht los davon. Auch wenn er den Weg – mit Jesus – erkannt hatte, konnte er ihn nicht einschlagen, weil er gefangen war. Seit er 14 Jahre alt war, hatte er Verhältnisse mit Männern gehabt. Seitdem war es in einer schnellen Spirale bergab mit ihm gegangen. Ich wusste einfach, dass Gott diesen jungen Mann in mein Leben geschickt hatte, damit ich ihm half. Im 2. Korintherbrief Kapitel 10 geht Paulus auf den Kampf ein, den wir führen. Es ist ein Kampf des Willens – den freien Willen des Menschen Gott zu unterstellen und nicht dem Feind. Und es ist ein Kampf, in dem Jesus bereits den Sieg davongetragen hat, wir jedoch immer noch mittendrin stecken, um diesen Sieg offenbar werden zu lassen. Ich rüstete mich also für den Kampf. Ich bat meine Freundin Sharon aus der Bibelschule, ihm mit mir gemeinsam zu helfen. Ich konnte und wollte das nicht alleine machen. Steven kam jede Woche zu mir, damit ich für ihn betete.

Da stellte ich fest, dass seine Geschichte begonnen hatte, bergab zu gehen, als ihn mit dreizehn ein Mann vergewaltigte. Er wurde viele Male von diesem Mann missbraucht. Irgendwann wandte sich dieser Mann anderen zu. So wurde er ihn los, aber er fühlte sich seitdem zu Männern hingezogen. Und er entwickelte eine sehr feminine Seite. Er war ein typischer, weiblicher Homosexueller, wie er mir da gegenüber saß. Er sprach mit hoher Stimme und bewegte sich affektiert. Er wünschte nichts mehr, als frei zu werden von den Drogen und dem Alkohol. Und er fühlte sich aufgrund seiner sexuellen Orientierung schuldig. Aber er konnte sich nicht helfen. Sein Geist war bereit für die Veränderung, aber sein Fleisch war schwach. Nach dem Motto „So bin ich halt veranlagt" wurde er immer wieder das Opfer verschiedener Männer. Es dauerte etwa sechs Monate, um ihn von all den Süchten zu befreien. Es war in dieser Zeit mit Steven, als ich die Kraft Gottes in vollem Ausmaß kennen lernte.

Ich marschierte mit Jesus durch die Evangelien.

All das, was ich über Jesu Wirken, Wunder und Dämonenaustreibungen gelesen hatte, wurde nun in meinem eigenen Leben sehr greifbar und wirklich. Das waren keine Geschichten mehr. Es war Realität.

Wir begannen mit dem Aspekt der Vergebung. Wir führten Steven Schritt für Schritt durch diesen Prozess. Er musste allen vergeben, die ihm etwas angetan hatten. Die Kraft der Vergebung wurde mit jeder seiner Vergebungen offenbar. Als wir ihn jedoch von Ablehnung frei beten wollten, ging es nur bis zu einem gewissen Grad und plötzlich nicht mehr weiter. Als wir dann einen Geist der Ablehnung und Minderwertigkeit entdeckten und austreiben wollten, spürten, sahen und hörten wir, wie er ihn verließ, denn er schrie und fuhr mit lauter Stimme aus. Dann kamen wir gar nicht weiter. Wir entdeckten, dass der Vergebungsprozess noch nicht abgeschlossen sein konnte. Erst nachdem er sich selbst und all denen, die ihm etwas angetan hatten, vergeben hatte, konnte er frei werden.

Sharon und ich hatten alle Hände voll zu tun, sobald wir begannen, für ihn zu beten. Er „manifestierte", was so viel heißt wie, dass eine innere Macht die Kontrolle über einen Menschen übernimmt und seine Körperfunktionen steuert. Man sieht es oft in den Augen, die sich verändern. Der Mensch kann beginnen, um sich zu schlagen, grausige Fratzen zu schneiden, Schaum vor dem Mund zu bekommen. Das kann ähnlich aussehen wie bei einem Epileptiker, der einen Anfall bekommt. Es ist, als solle etwas heraus, das nicht heraus will und sich wehrt.

Sharon und ich mussten uns zeitweise auf Steven setzen, weil er so um sich schlug, fauchte und zuckte. Wir hielten ihn fest, damit er nicht meine Möbel kurz und klein schlug. Wenn er manifestierte, war er so stark, dass wir ihn nicht halten konnten. Aber als er uns angreifen wollte, sagte ich nur:

„In Jesu Namen, fass uns nicht an."

Die Kraft Gottes wurde spürbar. Es schob sich etwas zwischen uns, wie eine Barriere, die er nicht überwinden konnte.

An einem Tag waren wir so müde, ihn festzuhalten, dass ich nur noch schreien konnte:

„Herr hilf uns, was machen wir jetzt?!"

Er hatte so viele Geister zu sich eingeladen durch ein Leben in Hass, Bitterkeit, Groll, Alkohol und Drogen. Es war heftig und sehr real. Da kam mir der Einfall, wir müssten Öl benutzen. Ich sauste in die Küche und holte eine Flasche. Ich schüttete mir etwas Öl in die Hand und dachte an die Bibelstelle in Jakobus 5, 14, die besagt, dass die Ältesten mit Öl salben sollen und um Heilung beten. Auch im Alten Testament wurde in wichtigen Momenten mit Öl gesalbt. Als ich Steven das Öl auf den Kopf schmierte, schrie eine Stimme aus ihm heraus:

„Wir verbrennen, wir verbrennen."

Und etwas fuhr mit einem lauten Schrei aus ihm heraus.

Es war wieder ein Sieg.

Steven hatte sehr viele Dämonen in sich.

Legionen geradezu.

Eines Abends beteten wir wieder und versuchten einen weiteren Geist auszutreiben. Jedes Mal wenn einer herauskam, wurde Steven aggressiv und sackte dann in sich zusammen. Jedes Mal dachten wir: Jetzt ist es geschafft. Aber nach ein paar Minuten stand er wieder auf und wurde wieder aggressiv. So ging es viele Male. Irgendwann konnten wir einfach nicht mehr. Es war zu anstrengend. Er klappte dann wieder zusammen und ich wusste, dass wir keine weitere Runde überstehen würden. Wir waren am Ende unserer Kräfte. Er lag am Boden – ich an seinem Kopf und Sharon zu seinen Füßen. Ich schrie zu Gott um Hilfe. Als ich das dritte Mal schrie: „Gott, hilf!“ traf es mich wie ein Blitzschlag. Als hätte ich in eine Steckdose gegriffen. Und eine Kraft durchfloss mich und ging durch meine Hände in seinen Kopf. Sein ganzer Körper war wie unter Strom. Und es traf Sharon, die zu seinen Füßen kniete und sie flog quer durch den ganzen Raum. Es passierte ihr nichts. Danach stand Steven vom Boden auf. Die Augen ganz klar, und ein vollkommener Friede strömte von ihm aus. Und er erzählte uns, was er gerade erlebt hatte: Er sah sich selbst wie in einem Tunnel mit lauter schwarzen Wesen um sich herum. Sie lachten, während sie ihn quälten. Und plötzlich sah er durch diesen Tunnel ein grelles, helles Licht kommen und alles hinwegschwemmen. Der ganze Tunnel wurde mit dem Licht durchflutet und alle dunklen Wesen verschwanden auf einen Schlag. Nach diesem Tag konnte man die Veränderung an ihm sehr deutlich erkennen. Mit der Befreiung von allen Dämonen war der Befreiungsweg aber noch nicht abgeschlossen. Es folgte noch ein Weg der Umsetzung der neuen Freiheit in seinem Leben.

In diesen Wochen mit Steven begriff ich die Bibelstelle in Deuteronomium 7, 22: „Doch der Herr dein Gott wird dir diese Völker nur nach und nach aus dem Weg räumen. Du kannst sie nicht rasch ausmerzen, weil sonst die wilden Tiere überhand nehmen und dir schaden!“

Vieles hatte sich in ihm angesammelt. Und er brauchte Zeit, um die wieder gewonnenen Freiräume mit dem Geist Gottes, seinem Wort und dem Gebet zu füllen. Wir nahmen Schritt für Schritt für und mit Steven das Land seines Geistes wieder ein. Er wurde frei von seinen Süchten, den Selbstmordgedanken und Depressionen. Er musste auch lernen, sich selbst zu vergeben. Jeder Schritt in die Freiheit war mit einem Schritt der Vergebung verbunden. Ich stellte fest, dass seine Selbstverachtung zu einer Ablehnung seiner selbst geführt hatte. Damit gab er dämonischen Kräften Raum, seine Persönlichkeit zu übernehmen. Seit dem Missbrauch hasste er seinen Körper und lehnte ihn ab. In der Zeit nach der Befreiung halfen wir ihm auf dem Weg, seinen Körper und seine Person anzunehmen und Gott dafür zu danken, dass er ihn genauso gemacht hatte. Die Bereiche, in denen er Befreiung erlebt hatte, waren nun geleert von den Inhalten, die sie jahrelang gefüllt hatten. Und diese Leere musste mit dem Wort Gottes gefüllt werden. So konnte er schließlich auch seine Männlichkeit akzeptieren und wurde alle homosexuellen Tendenzen los. Schließlich erlebten wir, wie sich seine Persönlichkeit veränderte und sein wahres Ich zum Vorschein kam. Er wurde fröhlicher und zuversichtlicher. Die Nervosität fiel von ihm ab und wir fingen an, ihn wirklich zu schätzen und seinen Humor zu genießen. Er war ein charmanter, lustiger und attraktiver Mann. Am Ende verliebte er sich in Sharon und sechs Monate später heirateten sie.

Es war ein Wunder, das sich vor meinen Augen vollzogen hatte. Aus dem Häuflein Elend, das in der Kirche neben mir gesessen hatte, war ein wundervoller, starker Mann geworden. Auch wenn es eine sehr anstrengende Erfahrung war, möchte ich sie nicht missen. Gott hat mir dabei vieles offenbart. Ich durfte sehr viel lernen und wusste gleichzeitig, dass es nur der Anfang meines Weges war.

Als ich am Ende der zwei Jahre Bibelschule vieles erlebt hatte, betete ich zu Gott, dass er mich nicht zu dieser Art von Befreiungsdienst rufen möge. Ich empfand es ganz einfach als zu anstrengend. Inzwischen kamen nämlich schon andere Studenten zu mir, die bei Steven gesehen hatten, was passiert war. Es hatte sich herumgesprochen.

Wir lernten in der Bibelschule viel über körperliche Heilung, aber nicht über seelische Befreiung von Besessenheiten. Ich lernte es außerhalb der Schule durch die Praxis und durch das Evangelium. Immer wieder führte das Evangelium mir vor Augen, was Jesus getan hatte.

Die Bibelschule lehrte mich vieles. Als Bibelschüler im zweiten Jahr wechselten wir von der Theorie in die Praxis. So besuchten wir häufig Kranke, um für sie zu beten. Wir gingen in die Städte, um für die Armen zu beten. Und wir erlebten viele Wunder, wie Gott Menschen gesund und heil machte. Ich erlebte einmal, dass ein Freund für eine alte, blinde Frau betete und sie plötzlich sehen konnte. Dieses Wunder veränderte sein Leben. Er entschied sich für die Mission. Es gab immer diese beiden Seiten: das Wunder der Heilung für den Kranken und die Stärkung des Glaubens für den Betenden. Es war gewaltig.

Wir arbeiteten einmal in der Woche in einer Suppenküche für arme Leute. Dort gaben Missionarinnen Essen für die Armen aus. An einem Abend musste ich das Essen austeilen. Ich fragte die leitende Missionarin, wie viel ich auf die Teller geben solle. Sie sagte, der Herr werde mir helfen. Ich befürchtete, es würde nicht ausreichen, wenn ich den Ersten zu viel gäbe. Sie sagte: „Es reicht immer." Also teilte ich mit großem Löffel aus. Persönlich dachte ich aber, dass es nicht für alle ausreichen würde. Es waren sicher 150 Menschen. Aber tatsächlich reichte es genau. Die letzte Portion landete auf dem letzten Teller. Ich dachte, es sei wohl Zufall, aber es passierte immer wieder. Auch die Spenden, die in der Suppenküche benötigt wurden, reichten immer genau aus. Nicht mehr und nicht weniger. Man wusste vorher ja nicht, wie viele Menschen kommen würden – aber immer reichte es genau. Das war für mich eine Erfahrung, wie Gottes Vorsehung funktioniert. Im Vertrauen auf seine Großzügigkeit haben diese Missionare nie erlebt, dass jemand hungrig gehen musste.

Diese zwei Jahre in der Bibelschule waren voller Erfahrungen für mich. Ich verstand die Heilige Schrift mehr und mehr. Ich erhielt das Rüstzeug, um mich in einen geistlichen Kampf zu begeben.

Exkurs zur Geistlichen Kampfführung

Denn wir haben nicht gegen Menschen
aus Fleisch und Blut zu kämpfen,
sondern gegen die Fürsten und Gewalten,
gegen die Beherrscher dieser finsteren Welt,
gegen die bösen Geister des himmlischen Bereichs.
(Epheser 6,11)

Im Jahr 1988 sprach mich ein Prophet an, der zu Besuch in unserer Gemeinde war. Er sagte zu mir: „Ich sehe, dass Gott dir ein mächtiges Schwert gegeben hat, damit du den Feind überwindest, der immer von dir gestohlen und geraubt hat. Aber du stehst da und schaust zu, da du anscheinend nicht die Kraft hast, diese schwere Waffe aufzuheben und zu benutzen. Aber Gott sagt zu dir: Du kannst es! Widerstehe dem Teufel und er wird vor dir fliehen."

Da wusste ich mit einem Mal, dass ich kämpfen muss. Gott hatte mich den Geschmack des Sieges kosten lassen, als ich für etliche Menschen gebetet hatte, die frei wurden. Wie zum Beispiel bei meinem Freund Ashley. Jetzt war es an der Zeit, dass ich lernte zu kämpfen und in eine andere Dimension einzutreten. Ich verstand, dass ich auch gegen die Mächte der himmlischen Welt kämpfen sollte und nicht nur dort, wo Menschen geschunden werden. Die Frage war nur, wie? Wie bekämpft man das, was man mit bloßem Auge nicht sehen kann? Ich begriff, dass ich meinen Gegner besser kennen lernen musste.

Ich habe einmal einen Kinofilm gesehen, in dem es um eine Schlacht zwischen deutschen und amerikanischen Truppen in der nordafrikanischen Wüste während des Zweiten Weltkriegs ging. Die kleineren Panzer von Eisenhower schienen ziemlich hilflos gehen den riesigen Tigerpanzer von General Rommel. Aber nach heftigem Kampfgetümmel musste Rommel die weiße Flagge hissen und aufgeben. Da hob der US-Kommandeur den Deckel seines Panzers hoch und schrie: „Rommel! Ich habe dein Buch gelesen!" Anscheinend hatte Rommel ein Buch über strategische Kampfmanöver geschrieben. Diese Szene habe ich nie vergessen. Und sie fiel mir wieder ein, als dieses Wort des Propheten an mich gelangte. Ich musste tiefer ins Wort Gottes eindringen. Ich musste Gottes Strategien finden und mehr über meinen Erzfeind lernen.

Ich begann mich also intensiver mit dieser Thematik auseinanderzusetzen. Ich erkannte von Anfang an, dass Satans größte Waffe die Täuschung ist. Schon Adam und Eva hatte er getäuscht. Er machte ihnen weis, Gott würde ihnen etwas vorenthalten und meine es nicht gut mit ihnen. Er machte sie glauben, Gott halte etwas zurück und wolle sie deswegen nicht vom Baum der Erkenntnis kosten lassen. Die Wahrheit aber ist, dass Gott sie vor dem Bösen bewahren wollte. Aus Liebe zu ihnen. Und aus Liebe und Gerechtigkeit musste er ihnen die freie Wahl lassen, selbst zu entscheiden. Für uns irdische Menschen wird das immer ein Mysterium bleiben, wie er uns so lieben kann, dass er uns diese Freiheit zugesteht. Durch die Versuchung im Paradies kam das Böse in die Welt und Satan wurde zum Gott dieser Welt (2. Korinther 4, 4).

Ich komme aus einem Land, in dem die Jagd eine große Rolle spielt. Vom Buschmann bis zum reichen Mann gehen alle auf die Jagd. Die größte Waffe dabei ist die Täuschung. Entweder wird ein sehr schmackhafter Köder verwendet, um die Beute in eine Falle zu locken. Oder es wird eine Falle, die mit der Umgebung verschmilzt, aufgestellt, so dass das Tier keine Gefahr vermuten kann. Noch eine Möglichkeit, man folgt der Spur eines Tieres – so unsichtbar wie möglich und natürlich immer gegen den Wind, damit das Tier nicht einmal den Geruch der Gefahr wittert. Um dann geduldig abzuwarten, bis das Tier ins Visier kommt. Raubtiere machen es genauso. Sie suchen außerdem in einer Herde immer das schwächste und langsamste Glied, um es zu erlegen. Hyänen kreisen ihre Beute ein und lachen ihr furchtbares Lachen, um das Tier zu verwirren, und schlagen dann zu.

Genauso arbeiten Satan und seine bösen Mächte. In der Heiligen Schrift werden wilde Tiere oft als Allegorien für Satan und seine Schergen erwähnt und benutzt. Zum Beispiel in Jesaja 30, 6 ist die Rede von einem Land der Bedrängnis und der Angst, aus welchem Löwen, Ottern und fliegende, feurige Schlangen kommen. Die Beschreibung hat nichts mit den physischen Tieren zu tun, sondern ist ein allegorischer Begriff. Jesus hat ebenfalls Tiere verwendet, um geistliche Zusammenhänge zu erklären, zum Beispiel in Matthäus 10, 16, wo er von Schafen und Wölfen spricht. In der Heiligen Schrift ist von wilden Tieren die Rede, um den Charakter oder die Persönlichkeit von bösen Mächten zu verdeutlichen. So fing ich an, die Strategien des Feindes zu erkennen, durch die vielen Bibelstellen, in denen von Tieren die Rede ist. Beispielsweise die Schlange: Sie steht für die Taktik der Täuschung. Eine Schlange schleicht und schlägt ruckartig zu. Konkrete Täuschungen, die ich bisher immer wieder wahrnehmen konnte, sind folgende:

1. Der Mensch glaubt, der Satan ist nur ein Märchen oder ein Mythos.
2. Die Hölle ist nicht real, da ein liebender Gott niemanden in die Hölle schickt.
3. Jesus hat alles überwunden und wir brauchen nicht mehr zu kämpfen.

4. Auf der einen Seite macht er sich unsichtbar, auf der anderen Seite holt er sich seine eigenen Anhänger. So glauben Satanisten, der Satan habe die größte Macht der Welt.
5. Dass es nur Energien gibt: gute und schlechte.
6. Alles, was mir Spaß macht, sei gut für mich.
7. Dinge, die man im Geheimen tut, erführe niemand außer mir selbst.
8. Mein Glaube sei etwas Privates und ich müsse ihn für mich behalten.
9. Toleranz um jeden Preis!

Dabei sagt Jesus: Geht hinaus in die ganze Welt und verkündet die frohe Botschaft allen Kreaturen. Ich bin mir ständig bewusst, dass jemand, dem ich diese gute Nachricht nicht weitergebe, verdammt sein könnte für ewig. Wie grausam. Nur der Geist Gottes kann den Menschen von innen nach außen verändern, damit Frieden in diese Welt kommen kann. Die Bibel gibt uns Hinweise auf das Wesen Satans. Er war Luzifer, ein Erzengel, der auch Morgenstern hieß. In Jesaja 14,12–16 liest man, dass er vom Himmel gefallen ist durch seinen Stolz und seine Rebellion gegen Gott. In Lukas 10,18 sagt Jesus, dass er sah, wie Satan wie ein Blitz vom Himmel gefallen sei. In Ezechiel 28 wird der Satan trefflich beschrieben: schön, doch gefallen. Seine Gaben und sein Wesen werden beschrieben. Musik und Edelsteine gehören zu seinen bevorzugten Waffen. Das heißt weder, dass Musik noch dass Edelsteine schlecht sind – es geht nur darum, wie sie verwendet werden. Wir lesen, wie schön er war, als er mit Gott wandelte, aber als Gott ihn mit all den Engelsscharen aus dem Himmel hinauswarf, verlor er seine Schönheit und wurde zu Satan, dem Vater der Lüge, dem Dieb, der Schlange, dem Zerstörer und Ankläger.

Aber obgleich er seine Schönheit verlor, nahm Gott ihm nicht seine Kraft (Jesaja 54, 16ff). Darum können Menschen, die mit seinen satanischen Kräften arbeiten, Zeichen und Wunder vollbringen. Das ist auch eines seiner Täuschungsmanöver. Menschen erleben das Übernatürliche und glauben, die Quelle müsse demnach Gott sein. Da er ein geschaffenes Geschöpf ist, kann er jedoch nicht schaffen, sondern nur nachahmen und zerstören. Zum Beispiel ist die Gabe der Weissagung den Propheten gegeben und seine Nachahmung ist die Wahrsagerei. Und welch einen Erfolg er damit hatte! Das Wissen, dass Wahrsagerei vom Teufel kommt, hat Menschen für Generationen davon abgehalten, wirkliche Propheten zu hören. Aus Angst, nicht richtig unterscheiden zu können, haben sie das Gute mit dem Schlechten verworfen. Und Angst kommt niemals von Gott (2. Timotheus 1,7).

Satan ist listig und schlau und verführt Menschen mit seinen Schlingen – okkulte und esoterische Praktiken wie Wahrsagerei, Astrologie, Zauberei, Magie, dämonisches Wunderwirken oder das Befragen von Toten usw.

Er verbreitet Lügen und Korruption, Hass, Eifersucht, Neid und Herrschsucht. Er übt Macht aus über den Willen des Menschen und macht sie unfrei. Wenn man in diese Schlingen des Feindes gerät, bekommt er das legale Anrecht, bei diesem Menschen und seiner Familie bis in die vierte Generation zu zerstören (2. Mose 34,7).

Die Auswirkungen im Leben dieser Menschen sehen folgendermaßen aus: vorzeitiger Tod durch Selbstmord, Mord, Krieg, Gewalt, Unfälle oder Krankheiten. Krankheiten, physisch und auch psychisch sowie Erbkrankheiten können sich einstellen. Weitere Auswüchse und Folgen sind Spaltungen, Streit, Scheidungen, sexuelle Perversion, Ehebruch, Unzucht, Inzest, Homosexualität, Masochismus, Prostitution, Pädophilie, Pornographie, Vergewaltigung. Das sind Zeichen für seine Angriffe. Weitere Zeichen von Gefangenschaft sind Süchte und Zwänge, Armut, Misserfolg, Unordnung, Stolz, Rebellion, Raffsucht, Sammelzwang und vieles mehr.

Satans Verführung fängt bei den Gedanken des Menschen an. Dämonen schießen die negativen Gedanken wie Pfeile in unsere Gedanken und wir meinen, es wären unsere eigenen. Und schon ist der Same für das Unheil gesät. Wenn wir diese Gedanken zulassen und uns ihnen widmen, geben wir ihnen Raum zu wachsen. Das führt dazu, dass wir Gedanken in die Tat umsetzen wollen. Dieser Prozess kann manchmal eine Weile dauern. Jesus sagt uns ganz klar, dass die Verführung keine Sünde ist, solange sie nicht in die Tat umgesetzt wird. Erst in der Umsetzung wird es zur Sünde. Doch der Prozess beginnt mit einem Gedanken. Wer unsere Gedanken beherrscht, herrscht über uns. In Hebräer 4,15, 16 steht, dass sogar Jesus selbst von Satan versucht wurde, ohne jedoch dieser Versuchung nachzugeben.

Eine weitere Strategie ist es, die Menschen gegeneinander aufzuhetzen. Darum wird er auch der „Ankläger der Brüder" genannt (Offenbarung 12,10). Er sät einen negativen, kritischen Gedanken und die ursprünglich positiven Gefühle gegenüber diesem Menschen werden zu Misstrauen. Man beginnt den anderen mit kritischen Augen zu sehen. Wenn wir dann beginnen, unsere negativen Gedanken mit anderen zu teilen, setzt die richtige Zerstörung ein.

Satan lacht, da er wieder einen Sieg errungen hat. Satan kennt die Kraft der Einheit. Er weiß, dass Einheit untereinander uns Autorität und Macht verleiht. Also ist seine Strategie, immer diese Einheit zu zerstören – sei es in Familien, Freundeskreisen oder Gemeinschaften. Er hat Erfolg, selbst in der Gemeinschaft der Christenheit, der Kirche. Im 2. Korinther 10, 3 sagt Paulus sehr deutlich, dass unser Kampf nicht gegen Fleisch und Blut gerichtet ist. Unsere Waffen in Gott sind jedoch mächtig und können Gedankenfestungen zerstören. Das bedeutet, dass ich die Macht habe, einem Gedanken Raum zu geben oder ihn zu verwerfen.

Jeder Gedanke ist an der Liebe prüfbar. Nicht an der subjektiven Liebeserfahrung des Menschen, sondern der objektiven Liebe Gottes, die sich in Seinem Wort offenbart. So lernte ich auch, dass meine Gedanken drei Quellen haben: meine eigene Vernunft und Erkenntnis, Gott oder dämonische Einflüsse. Meine Aufgabe ist es, meine Gedanken immer wieder darauf zu überprüfen, aus welcher Quelle sie gespeist sind.

Das größte Schlachtfeld befindet sich also in meinen Kopf. Gott befiehlt uns, dem Satan zu widerstehen und ihm keinen Raum zu geben. Und er sagt das nicht, ohne uns auszurüsten mit allem, was wir brauchen, um diesen Kampf zu gewinnen.

So lernte ich mit der Zeit die Waffen zu benutzen, die Gott mir in Christus gegeben hat. In Epheser 6,10 sagt er: „Zieht die Rüstung Gottes an, damit ihr den listigen Anschlägen des Teufels widerstehen könnt. Denn wir haben nicht gegen Menschen aus Fleisch und Blut zu kämpfen, sondern gegen die Fürsten und Gewalten, gegen die Beherrscher dieser finsteren Welt, gegen die bösen Geister des himmlischen Bereichs. Darum legt die Rüstung Gottes an, damit ihr am Tag des Unheils standhalten, alles vollbringen und den Kampf bestehen könnt. Seid also standhaft: Gürtet euch mit Wahrheit, zieht als Panzer die Gerechtigkeit an und als Schuhe die Bereitschaft, für das Evangelium vom Frieden zu kämpfen. Vor allem greift zum Schild des Glaubens! Mit ihm könnt ihr alle feurigen Geschosse des Bösen auslöschen. Nehmt den Helm des Heils und das Schwert des Geistes, das ist das Wort Gottes.“

Ich verstand, dass, wenn Gott mir eine Waffenrüstung gibt, es auch tatsächlich um einen geistigen Kampf geht. Er erwartet, dass ich aufstehe und mich diesem Kampf stelle. Also fing ich an, indem ich die Waffenrüstung anzog und begann, für meine Kinder zu kämpfen. Ich konnte regelrecht sehen, wie Satan sie an sich fesseln wollte: mit Sex, Alkohol und Drogen. Ich bat Jesus, mir aus seinem Wort zu sagen, wie er meine Söhne und ihre Zukunft sah. Daraufhin gab er mir Jesaja 45,13: „Alle deine Söhne werden Jünger des Herrn sein und groß ist der Friede deiner Söhne!"

Das wurde mein Schwert gegen Satan. Jedes Mal wenn ich meine Kinder besuchte und ihren verkorksten Lebenstil sah, konnte ich ihnen nur meine Liebe zeigen. Aber wenn ich dann wieder ins Auto stieg, nahm ich mein Schwert des Wortes auf, um gegen Satan zu kämpfen. Ich feuerte es ihm entgegen, während ich fuhr: „Satan, ich widerstehe dir in Jesu Namen und gebiete dir, meine Kinder freizugeben. Gott sagt, dass sie von ihm gelehrt werden und dass ihr Friede groß sein wird. Ich glaube nicht an das, was ich sehe, die Umstände, dass du sie in den Abgrund führen willst, sondern an Gottes Wahrheit, die über ihnen fest steht. Und ich nehme Gottes Wort als meine einzige Wahrheit und Autorität. So mache ich deine Pläne gegen sie zunichte und spreche Verwirrung in alle deine Pläne, sie zu verderben. Im Namen Jesu Christi." Und zwischendurch dankte ich Gott immer wieder, dass er sein Wort im Leben meiner Söhne wahr machen würde. Dass er sie zu erfolgreichen Männern mache, dass sie ihm dienen werden und dass sie Frauen heiraten würden, die von Gott für sie ausgesucht waren.

Ende 1989 besuchten mich Charl und Glenn für eine Woche. In dieser Woche wurden all meine Gebete für meine Kinder erhört.

Beide bekehrten sich in dieser Woche, an dem Sonntag, bevor sie zu Neville aufbrechen wollten. Sie begleiteten mich in meine Gemeinde und beide übergaben ihr Leben an Jesus. Charl war noch halb betrunken vom Feiern am Abend zuvor. Er stank wie ein Weinfass und ich genierte mich. Die Predigt ging um den verlorenen Sohn. Beide wurden kalt davon erwischt und tief im Herzen getroffen von dieser Botschaft. Jeder auf eine ganz persönliche Art und Weise, aber beide doch so sehr, dass sie sich entschieden, von nun an ihr Leben mit Gott zu gehen.

Neville hatte schon den Weg geebnet, dass Glenn in Windhuk auf die Hotelfachschule gehen konnte. Beide Söhne sagten ihm am nächsten Morgen, dass sie bei mir bleiben würden und nicht zu ihm kämen. Glenn entschied, im darauf folgenden Jahr gemeinsam mit mir die Bibelschule zu besuchen. Das war ein reines Wunder. Neville war wütend. Er sagte: „Jetzt seid ihr genauso verrückt geworden wie eure Mutter." In dem kommenden Jahr lernte Glenn seine Frau Laura kennen und sie heirateten. So wurde Schritt für Schritt mein Leben mit Segen übergossen! Ich kehrte reich beschenkt zurück nach Kapstadt.

Sound of Music

In ein Land, in dem Milch und Honig fließen,
wirst du kommen.
(Exodus 33.3)

Nachdem ich die Bibelschule 1991 abgeschlossen hatte und nach Kapstadt zurückgekehrt war, bekam ich Arbeit bei einem Hautarzt. Er war Christ und hielt Seminare darüber, wie man ohne Stress leben kann. Ich wurde seine Sekretärin. Bei Dr. Matthys de Kock lernte ich, mit dem Computer umzugehen, worüber ich bis heute dankbar bin. Er und seine Familie nahmen mich mit großer Liebe auf. Während ich für ihn arbeitete, erfüllte sich ein großer Traum von mir: einmal am Meer zu wohnen. Ich hätte es mir im Traum nicht schöner ausmalen können. Das Haus lag in einer sehr beliebten Bucht in Kapstadt. Es war grandios. Die Gegend gehörte den Reichen und Schönen, und das Haus lag direkt am Strand. Ich hatte weiträumigen Platz, so dass es auch kein Problem war, dass Charl dort für eine Weile bei mir wohnte. Für meine Kinder und alle meine Bekannten sah es so aus, als sei ich mit dem Hintern in ein Fass Butter gefallen. Es ging mir so gut! Ich hatte ein großes Firmenauto, einen guten Job und wohnte in dieser Villa am Meer. Es war alles der Segen Gottes, der sich über mir ergoss. Ich wohnte dort für zwei Jahre und genoss es in vollen Zügen.

Und dort traf ich auch Sean und Trudi wieder, als ich eines Tages mit dem Hund spazieren ging. Ich hatte sie nicht mehr gesehen, seit wir unsere gemeinsame Berufung nach Europa prophezeit bekommen hatten. War es Zufall, dass wir uns in einer Millionenstadt wie Kapstadt einfach wieder trafen? Ich glaubte schon lange nicht mehr an Zufälle … Diese beiden hatten in meiner Nähe eine Studentengemeinde gegründet und wir begannen, uns wieder regelmäßig zu sehen. Im gleichen Jahr, 1992, kam Winfried Fuchs aus Innsbruck nach Kapstadt. Er war noch nie zuvor in Südafrika gewesen. Winfried Fuchs hielt erfolgreiche Seminare zum Thema Motivation im Arbeitsumfeld im deutschsprachigen Raum. Er verdiente viel Geld mit seinen Seminaren. Aber zu seiner Verzweiflung begann er langsam zu erblinden. Auf einer seiner Konferenzen kam eines Tages ein junger Mann zu ihm und sagte: „Wahrer Erfolg kommt nur durch ein Leben mit Jesus Christus."

Er erklärte ihm, dass Jesus gekommen war, um die Kranken zu heilen und die Blinden sehend zu machen. Das fand schlagartig Winfrieds Aufmerksamkeit. Die Blinden sehend machen? Es berührte etwas in ihm, betraf das, was ihn zu dem Zeitpunkt am meisten belastete und bewegte. Winfried begann Jesus zu suchen und zu beten. Wenig später wurde er auf unerklärliche Weise von seiner Augenkrankheit geheilt. Er bekehrte sich von Grund auf und ließ alle Esoterik hinter sich. Seine persönliche Heilung hatte ihn tief erschüttert und bewegt und so zog er weitreichende Konsequenzen daraus. Er begann anstelle seiner Motivationsseminare eine neue Art von Seminaren zu halten mit christlichem Hintergrund: „Exodus-Seminare" für Geschäftsleute – mit Hilfe des Glaubens zu wahrem Erfolg.

Dieser Mann kam also nach Kapstadt. Er hatte den Eindruck bekommen, dort hin zu müssen, ohne recht zu wissen, warum. Aber er handelte im Gehorsam und im Vertrauen darauf, dass er Gottes Weisung richtig vernommen hatte. In Kapstadt kontaktierte er „Full Gospel Business Man Fellowship International" (FGBMFI), die ihn sofort zu einem Vortrag einluden. Daraufhin lernte er Dr. de Kock kennen, der Mitglied beim FGBMFI war. Dr. de Kock war so begeistert von Winfrieds Zeugnis, dass er ihn nach Hause einlud. Er kam gemeinsam mit Elisabeth Syré.

So lernte ich die beiden kennen. Bereits 1988 hatte Gott mir durch die Bibelstelle 5. Mose 18,15 bestätigt, dass er mir Propheten zur Seite stellen würde. Neben Ed Traut, den ich bereits kannte, sollte Elisabeth einer dieser Propheten in meinem Leben werden. Ohne Frage ist Elisabeth eine starke Frau Gottes. Sie ist Holländerin, mit einem Deutschen verheiratet, wohnt aber seit über 30 Jahren in Südafrika. Elisabeth übersetzte für Winfried, da er kein Englisch sprach.

Die beiden Männer tauschten sich bei diesem Abendessen über ihre Seminare aus. Winfried lud daraufhin meinen Chef ein, ihn in Innsbruck zu besuchen. Ich hatte die Ohren gespitzt. Schließlich war es schon immer mein Traum gewesen, einmal Österreich zu besuchen, nachdem ich, wie schon erwähnt, mit 18 Jahren den Film „Sound of Music“ gesehen hatte. Mein Chef versprach mir, mich nach Österreich mitzunehmen, wenn es denn tatsächlich dazu kommen sollte. Ich betete! Im Oktober 1992 fuhr ich dann tatsächlich mit Dr. de Kock und einem guten Freund seinerseits nach Österreich. Mein lang ersehnter Traum ging wirklich und wahrhaftig in Erfüllung. Nie hätte ich das für möglich gehalten. Und Österreich war noch viel schöner, als ich es mir je vorgestellt hatte. Ich verliebte mich sofort in dieses Land, das sich im Herbst von seiner schönsten Seite präsentierte. Es war für mich das Paradies.

Wir wohnten im Haus von Winfried Fuchs und bereisten mit ihm das Land. Ich sah das wunderschöne Bundesland Tirol und war hingerissen. Winfried war ein Mann des unerschütterlichen Glaubens und wir alle lernten noch mehr, was es heißt, im und aus dem Glauben zu leben. So organisierte er beispielsweise eine Konferenz für Geschäftsleute, schickte die Einladungen hinaus, mietete den Saal, und als wir ihn fragten, wie viele Menschen kommen würden, meinte er nur, Gott wüsste schon, wer kommen solle. Der Saal hatte 300 Plätze. Ich fragte: Und wenn nun nur 20 kämen? Wie machte er das mit der Miete? Er meinte ganz gelassen, dass sei das Problem des Herrn. Mein Chef, der gewohnt war, alles bis ins kleinste Detail im Voraus zu planen, war völlig überwältigt von so viel Gottvertrauen. Er fragte ihn, ob sie bei diesem Treffen auch Musik machen würden. Und Winfried meinte, er hätte jemanden für die Musik kontaktiert, aber es sei nicht so ganz klar, ob er kommen würde. Auch hier meinte er, Gott werde sich schon darum kümmern. Er war dabei ganz entspannt. Und siehe da, zu dem Seminar erschienen 250 Geschäftsleute, und als wir hörten, dass die engagierten Musiker nicht kommen würden, fanden sich unter den Teilnehmern mehrere Musiker, die herrliche Musik machten. Es war ein sehr erfolgreicher Tag. Wir haben eine große Lektion in Sachen Vertrauen bekommen.

Einmal, so erzählte er uns, tauchte wohl nur eine einzige Person auf. Er wollte das Seminar daraufhin absagen. Aber Gott sagte ihm, dieser eine Mensch sei ihm so wichtig, dass er nur für ihn das Seminar abhalten solle. Also tat er das auch, was eine besondere Erfahrung war.

Ich sah, lauschte und lernte auf dieser Reise. Am 4. November erlebte ich meinen ersten Schnee. Ich war 45 Jahre alt und machte eine Schneeballschlacht. Für mich war das wie im Märchen. Und ich hatte nur den einen Wunsch: Ich wollte für immer in diesem Land bleiben. Nach drei Wochen jedoch mussten wir zurück nach Südafrika.

Dr. de Kock machte im Januar des folgenden Jahres ein Seminar für verschiedene geistliche Gemeindeleiter, welches ich organisierte. Wir luden Winfried dazu ein. 1992 kam er wieder nach

Kapstadt, nun zu unserem Seminar. Er konnte bei Sean und Trudi wohnen. Am zweiten Tag beim Frühstück sagte er aus heiterem Himmel, ob Sean und Trudi nicht nach Innsbruck kommen wollten, um eine Gemeinde zu führen. Sean dachte erst, es sei ein Witz, aber es wuchs die Zuversicht in ihm, dass er tatsächlich dorthin sollte. Im März kam Elisabeth mich besuchen. Sie prophezeite mir: „Jetzt schaust du auf zum Berg, aber bald wirst du von einem Berg hinab schauen. Und es wird eine Tür nach Europa für dich aufgehen. Ich sehe Kuhglocken und Kühe. Und nicht weit von diesem Platz sehe ich einen kleinen Wasserfall. Ich kann nicht sagen, wo das ist."

Im April gingen Sean und Trudi tatsächlich nach Innsbruck. Sie wohnten bei Winfried, und etwa eine Woche nachdem sie dort angekommen waren, schickten sie mir ein Fax. Sie glaubten am richtigen Ort zu sein. Sie hätten gebetet und hätten den Eindruck, ich solle auch dorthin kommen.

Ich jubelte innerlich.

Sie schrieben aber auch deutlich, dass ich Gott vertrauen müsse, was Finanzen und Organisation der Reise anging, weil sie mir nicht würden helfen können. Ich fühlte mich bestätigt, hatte ich doch Elisabeths Prophezeiung im Hintergrund. Dennoch war es keine leichte Entscheidung. Denn nach Europa zu gehen würde bedeuten, wirklich alles, was mir vertraut war, hinter mir zu lassen. Ich bat um Bestätigung, dass es tatsächlich Gottes Wille war. In den kommenden Wochen bekam ich eine ganze Reihe von Bekräftigungen. Einmal ging ich beispielsweise ins Kino und sah den Disney-Film Aladin. Und als Aladin mit der Prinzessin auf dem Teppich über das Land fliegt, sieht man im Hintergrund Denkmäler aus Europa. Und da spürte ich, wie der Herr mir sagte: So werde ich dich in diese Städte führen. Mir war dieses Gefühl Bestätigung genug, aber es kam immer mehr dazu.

Im Juni wusste ich definitiv, dass ich wirklich nach Österreich gehen sollte. Es hatte sich in lauter Kleinigkeiten bestätigt. Ich schrieb meinem Chef darüber, der natürlich nichts davon wissen wollte. Ich kündigte und fuhr nach Johannesburg. Ich verbrachte noch einen Monat mit Glenn und seiner Frau Laura, bevor ich mich auf den Weg nach Europa machte. Ich ahnte zu dem Zeitpunkt nicht, dass Österreich die Heimat meiner Zukunft sein würde.

Ich hatte kein Geld für mein Ticket nach Österreich, hatte den Flug aber schon reserviert. Es war fast wie bei meiner Israelreise. Ich hatte an diesem Morgen eine Bibelstelle gelesen: „Ziehe hinaus und gehe vorwärts!"

Das war wieder eine Herausforderung im Glauben und ich musste so handeln, als hätte ich bereits bekommen, um was ich gebeten hatte. Ich stellte also einen Scheck aus, bezahlte mein Ticket und rief meinen Bank-Manager an, um ihm zu beichten, dass ich gerade einen Scheck für 2000 Rand ausgestellt hätte. Ich bat ihn inständig, das Geld freizugeben und versprach ihm, das Geld aus Innsbruck zu schicken, sobald ich konnte. Er rief mich kurz darauf zurück und sagte, er könne das ohne Garantie nicht genehmigen. Ich sagte, ich könne das nicht machen, weil es in der Bibel verboten sei (Sprüche 11,15, 17,18, 22,26). Also sagte er, ich müsse vor fünf am Nachmittag mit einer Idee kommen, sonst würde er das Geld nicht überweisen. Um 3 Uhr nachmittags rief mich mein Sohn Charl an. Er hatte mit Glenn gesprochen, und sie hatten beschlossen, mir mit meinem Ticket zu helfen. Halleluja.

Meine ganze Familie kam zum Flughafen. Es war ein tränenreicher Abschied, da ich nicht wusste, wann wir uns wieder sehen würden. Ich flog nach Zürich und wurde dort von Freunden von

Winfried abgeholt, einem Ehepaar Namens Zwicky. Wir fuhren zu Sean und Trudi, die in den Bergen ein Haus hatten. Es ging immer bergauf. Wir kamen erst spät in der Nacht an. Am nächsten Morgen erwachte ich vom Läuten der Kuhglocken vor meinem Fenster. Der direkte Nachbar war ein Bauer. Ich sprang aufgeregt aus dem Bett und schaute aus dem Fenster. Mein Herz ging auf und ich jubelte bei dem wunderbaren Anblick, der sich mir bot. Ich schaute tatsächlich vom Berg hinab ins Tal, wie Elisabeth gesagt hatte. Am gleichen Nachmittag gingen wir spazieren und etwa 500 m vom Haus entfernt fand ich einen kleinen Wasserfall. Da wusste ich endgültig, dass ich zur richtigen Zeit am richtigen Ort war.

Ich hatte ein dreimonatiges Touristenvisum. Ich erkundigte mich, wie ich eine Aufenthaltsbewilligung bekommen konnte. Es schien sehr schwierig zu sein. Entweder müsse ich mit einem Österreicher verheiratet sein oder ein Geschäft eröffnen, an dem ich mehr als 50 Prozent der Anteile hätte. Meine drei Monate liefen schnell ab. Im November fuhr ich nach Basel, um eine Verlängerung des Visums zu beantragen. Da die Schweiz ein Abkommen mit Südafrika hatte, konnte ich mich dort aufhalten. Wir fuhren zu einer Konferenz des weithin bekannten Predigers Benny Hinn und in Basel ging ich zum südafrikanischen Konsulat und ersuchte um Verlängerung meines Visums. Es war nicht sicher, wie lange das gut gehen würde. Zurück in Innsbruck erzählte mir eine Frau, dass ich als Seelsorger eine Aufenthaltsgenehmigung beantragen könne. Das sei ein Sonderstatus, der oft bewilligt werde.

Ich versuchte es.

Ende Dezember musste ich wieder ausreisen und wohnte eine Weile bei den Zwickys in der Schweiz. Schließlich kam dann meine Aufenthaltsgenehmigung. Ich war erleichtert und dachte, damit sei alles erledigt. Drei Jahre später stellte sich heraus, dass meine Aufenthaltsgenehmigung nicht rechtmäßig ausgestellt worden war und dass ich quasi illegal im Land lebte. Es war irgendein Fehler unterlaufen. Zum Glück hatten wir einen Rechtsanwalt in unserer Gemeinde. Er stellte fest, dass Sean und Trudi auch ohne gültige Aufenthaltsgenehmigung unterwegs waren. Er schrieb an das zuständige Ministerium, das wegen uns eine Sondersitzung einberufen musste. Es ging um die Frage, ob sie uns ausweisen sollten. Wir beteten aufs Intensivste. Sie tagten. Und sie entschieden schließlich einstimmig, dass wir bleiben durften.

Inzwischen begannen wir zu planen, wie wir weitermachen würden. Gott hatte uns nach Österreich geführt, um das Wort Gottes unter die Menschen zu bringen. Also wurden wir aktiv. Im November 1993 druckten wir unsere ersten Flyer und verteilten sie an der Universität. Es war eine Einladung zu unserer ersten Gottesdienstversammlung in der Uni Innsbruck. Es kamen ungefähr 50 Leute, und so gründeten wir unsere erste eigene Gemeinde.

Des Sieges gewiss, bleibe doch wachsam

Er entriss mich meinen mächtigen Feinden,
die stärker waren als ich und mich hassen.
Sie überfielen mich am Tag meines Unheils,
doch der Herr wurde mein Halt.
(Psalm 18, 18)

Bis zum Jahr 1994 erhörte Gott mein Gebet, dass ich nicht in den Befreiungsdienst wollte. Während meiner intensiven Zeit auf der Bibelschule hatte ich ja darum gebeten, nicht dazu berufen zu werden. Denn die Auseinandersetzung mit Dämonen und denjenigen, die von ihnen besessen sind, ist sehr anstrengend. Es ist kein Kinderspiel und fordert alle Kraft und Konzentration, die man aufbringen kann. Drei Jahre hatte ich nichts damit zu tun und war erstaunt, dass Gott meinen Willen so respektierte.

1994 geschah dann etwas Interessantes. Ich fuhr gemeinsam mit Freunden auf eine Pastorenkonferenz nach Berlin. Das Thema war Pfingsten und dass wir auch heute noch Pfingsttage erleben können. Während eines Vortrags geschah Folgendes: Ganz vorne stand ein Blumenstrauß. Als einige Menschen zum Gebet nach vorne gingen, beobachtete ich mehrmals, wie jemand die Vase streifte und dachte immer, dass sie gleich umkrachen würde. Ich musste immer den Blumenstrauß ansehen und dann hörte ich innerlich eine Stimme: „Da hat jemand mit viel Liebe diesen Blumenstrauß gerichtet – ich werde ihn nicht umfallen lassen."

Dann beobachtete ich einen kleinen Mann, der für eine sehr große Frau betete. Plötzlich begann sie zu schwanken und drohte umzukippen. Wie in Zeitlupe kippte sie nach vorne, direkt auf den kleinen Mann. Beide stolperten an den Rand der Bühne, an dem großen Blumenstrauß vorbei und die Frau landete, mit seligem Gesichtsausdruck auf dem kleinen Mann. Ich war bereits amüsiert und konnte fühlen, wie sich ein Lachen in mir ansammelte. Es krabbelte in mir nach oben und brach hervor. Ich konnte nicht mehr aufhören. Ich dachte, ich zerplatze und lachte und lachte. Ich bekam einen Einblick in Gottes Humor, der mich im wahrsten Sinne des Wortes umhaute. Ich fiel vom Stuhl und rollte am Boden hin und her. Ich hielt mir den Bauch, weil es so weh tat, und brüllte regelrecht vor Lachen. Das Lachen griff um sich und rollte durch die Menge der Anwesenden, dass es nur so eine Freude war.

Sean und Trudi mussten mich nach dem Gottesdienst zum Auto schleppen, weil ich immer noch so von Lachkrämpfen geschüttelt wurde. Am nächsten Abend betete ich für einige Leute, und alle begannen zu lachen, sobald ich nur meine Hand auf sie legte. Es war, als ob ich das Lachen mitgebracht hätte.

Ein Student regte sich fürchterlich auf, weil er das alles für albernen Blödsinn hielt. Er kam am nächsten Tag vorbei, um mit uns zu sprechen. Er war wütend. Ich legte meine Hand auf ihn und betete, dass er sich beruhigen möge. Im nächsten Moment begann sich ein Dämon zu zeigen. Der junge Mann verzerrte grausam das Gesicht und es war, als ob zehn Teufel sich in ihm aufbäumten. Er fauchte und schimpfte und sprach mit veränderter Stimme. Sean und Trudi flohen aus dem Zimmer, weil sie so erschraken. Ich betete lange für ihn, und er wurde frei. Ich dachte mir nicht viel dabei, aber schon in der kommenden Woche kamen Menschen, die davon gehört hatten, und baten mich, für sie zu beten. Und immer mehr waren dabei, die manifestierten und frei wurden.

Ich betete und fragte den Herrn, was das jetzt solle. Ich spreche zu Gott wie zu einem Freund und wunderbaren Vater. Ich sage ihm alles, frage ihn alles, halte ihm alles hin. Und seine Antwort empfange ich in meinen Gedanken. Manchmal nur einen Satz, manchmal mehrere Sätze. Manchmal Stille und ab und zu auch ein Bild, das vor meinem inneren Auge auftaucht.

Diesmal erinnerte mich Gott an meinen Lachanfall. Im lauten Lachen und voll von Freude hatte ich gesagt: „Du bist so wunderbar, dass ich alles für dich tun werde!" Er hatte mich beim Wort genommen. Jetzt zeigte er mir, dass er mich für genau dazu haben wollte: Menschen frei zu setzen. Ich konnte nicht anders, als mich seinem Willen zu beugen. Aber ich machte einen Handel mit Gott. Wenn er wollte, dass ich wieder in diesen Dienst gehe, dann sollte er mir größere Autorität geben und mehr Glauben, damit es schneller ginge mit den Befreiungen. Und ich wollte Spaß dabei haben.

Er bestätigte mir durch einen Bibelvers, dass es so kommen würde.

Und so geschah es dann auch.

Sean und Trudi, die bei dem jungen Studenten in den Nebenraum geflohen waren, hatten alles mitbekommen – wie er schrie und tobte. Beide waren bis zu diesem Zeitpunkt der Überzeugung gewesen, dass es so etwas wie Teufelsaustreibung nicht brauchte, da Paulus im 2. Korintherbrief 5, 17 schreibt: „Wenn also jemand in Christus ist, dann ist er eine Neue Schöpfung. Das Alte ist vergangen, Neues ist geworden." Man brauche also, wenn man Jesus angenommen habe, nichts mehr abzuwehren oder auszutreiben, da man ein neues Geschöpf war. Ich hatte nichts unternommen, um sie vom Gegenteil zu überzeugen.

Das machte Gott ganz von selbst und in seiner Zeit, indem Er ihnen zeigte, was geschah. Am Beispiel dieses jungen Mannes erlebten sie, dass jemand sein Leben Jesus übergeben haben konnte, aber es dennoch des Kampfes und des Gebets bedurfte, mit dem alten Leben aufzuräumen. Sie sahen die Veränderung in diesem jungen Mann und unterstützten mich von diesem Augenblick an. Das ganze Jahr kamen Menschen zu mir und ließen für sich beten. Am Ende des Jahres 1994 öffnete Gott mir den Weg, Seminare zum Thema „Heilung und Befreiung“ zu veranstalten, erst in Innsbruck, dann Augsburg, dann Würzburg – dann wieder Österreich. Ich reiste sehr viel und erlebte wunderbare Dinge. Ende 1995 zog ich in die Stadt Innsbruck. In dieser Zeit erreichte mich die Nachricht, dass Neville mit kaum 50 Jahren an einem Herzinfarkt gestorben war. Es traf mich tief. Ich war so dankbar, als Charl mir berichtete, dass Neville kurz vor seinem Tod noch zu Jesus gefunden hatte. Glenn hingegen hatte keine Gelegenheit mehr, seinen Vater zu sehen, bevor er starb, was ihn lange Zeit belastete.

1996 wurde ich schließlich vor eine große Herausforderung gestellt, die mich einiges lehrte. Eine junge Frau, die sich in einem Kreis von Satansanbetern befunden hatte, kam zum Glauben. Sie kam zu mir, damit ich für sie betete. Sie hatte viele Dämonen in sich, wurde aber Schritt für Schritt frei. Und sie wollte nichts mehr mit diesem Kreis zu tun haben. Den Anhängern Satans war ich ab diesem Moment ein Dorn im Auge. Und sie fingen an, mir zu drohen, dass sie mich umbringen würden. Ich bekam Drohanrufe. Für mich war das zuerst ein Witz. Ich nahm die Drohungen nicht ernst. Ich glaubte fest daran, dass der Herr seine schützende Hand über mich hielt und mir nichts zustoßen konnte. Ich wusste, dass dieser Satansanbeter, bei dem die junge Frau gewesen war, im Geiste gegen mich mobil machte. Satansanbeter berufen sich in ihren Ritualen auf dämonische Kräfte, die sie dann los schicken und die tatsächliche, sichtbare Auswirkungen haben. Es geschehen unerklärliche Phänomene – es ist mit Voodoo zu vergleichen. Ich spürte, dass eigenartige Dinge in meiner Wohnung vor sich gingen. Eines Abends flog beim Kochen eines meiner Bilder von der Wand auf mich zu. Horizontal. Ich konnte gerade noch so ausweichen. Oder ich lag im Bett und hörte, wie das Geschirr in meiner Küche klapperte. Aber ich hatte keine Angst. Schließlich war ich nicht umsonst als Tochter der Schlangentöterin aufgewachsen. Ich hatte nie gelernt, was es bedeutet, wirklich Angst zu haben.

Inzwischen hatte ich ein neues Auto geschenkt bekommen. Ich fuhr damit eines Tages auf die Autobahn, und plötzlich begann mein Auto Probleme zu machen, der Motor versagte. Ich konnte gerade noch eine Ausfahrt nehmen und an den Straßenrand rollen. Zufällig war hinter mir ein Auto vom ÖAMTC. Der Automechaniker schaute sich meinen Motor an und stellte fest, dass eine Zündkerze fehlte. Jemand musste sie herausgeschraubt haben. Der Mann schnaubte mich an und schimpfte, ich hätte das mit Absicht getan. Mir schwante schon, dass die Satanisten dahinter steckten. Ich wusste nun mit Sicherheit, dass sie aktiv gegen mich vorgingen.

Aber ich hatte immer noch keine Angst, da ich um Jesu Kraft in mir wusste.

Kurz darauf kam ich eines Abends um Mitternacht von einem Abendessen zurück nach Hause. Als ich aus meinem Auto ausstieg und zu meiner Haustüre gehen wollte, ging das Licht nicht an. Ich dachte mir nichts dabei und ging im Dunkeln in Richtung Haustür. Ich spürte eine sonderbare Kälte, war aber nicht weiter beunruhigt. Als ich die Schlüssel nahm, um aufzusperren, sprang plötzlich jemand von hinten auf mich zu und schlang einen weißen Schal um meinen Hals. Ich erstarrte. Und wer auch immer der Angreifer war, er begann mich zu würgen. Kurz dachte ich, jemand wolle mich nur erschrecken, aber dann merkte ich, dass es ernst war. Hier versuchte jemand, mich umzubringen. Daran war kein Zweifel. Ich versuchte mich zu wehren, aber die Luft begann mir auszugehen, und ich konnte mich nicht rühren. Ich schaffte es nicht, das kleinste Geräusch zu machen. Es war stockdunkel, und es gab niemanden weit und breit, der mir hätte zur Hilfe eilen können.

Alles, was ich tun konnte, war, innerlich „Jesus!“ zu schreien.

Im gleichen Moment, wo ich Seinen Namen in Gedanken schrie, lockerte sich der Schal und der Angreifer sprang ruckartig hoch in die Luft und rannte wie von wilden Tieren gejagt davon. Ich frage mich, was meinen Angreifer so erschreckt hatte. Bis heute habe ich nie wieder von diesen Satanisten gehört. Die Warnung muss also stark genug gewesen sein. Ich schloss in Windeseile auf und schlüpfte schnell ins Haus. Meine Knie zitterten von dem Schock. Als ich in meinem Zimmer ankam, packte ich meine Bibel und fragte leicht entrüstet: „Herr! Was war das denn jetzt?“

Und ich öffnete meine Bibel und las Psalm 18,18: „Er entriss mich meinen mächtigen Feinden, die stärker waren als ich und mich hassen. Sie überfielen mich am Tag meines Unheils, doch der Herr wurde mein Halt.“

Hier hatte ich die Zusage, dass Gott mich schützt. Und darauf wollte ich mich stützen. Innerlich war ich jedoch ganz schön aufgewühlt. Danach rief ich Sean an, der mir sagte, ich solle die Polizei rufen, was ich auch tat. Ihre Hunde konnten keine Spur finden. Sie blieben aber die Nacht lang da. Sie entdeckten nur, dass die Glühbirne am Eingang herausgedreht worden war. Von dem Tag an erfuhr ich für drei Wochen, was es heißt, Angst zu haben. Wie das ist, wenn sich kalte Angst um dein Herz legt und es zudrückt und dir den Atem nimmt.

Davor war ich oft sehr ungeduldig mit ängstlichen Menschen gewesen. Jetzt erfuhr ich am eigenen Leib, was es bedeutete. Ich traute mich nicht mehr alleine nach Hause. Immer musste mich jemand begleiten. Ich kämpfte drei Wochen damit. Ich denke, der Herr ließ es zu, damit ich barmherziger mit denen wurde, die Angst kannten und darunter litten. Schließlich gelang es mir aber, sie einzudämmen, und ich traute mich auch wieder allein nach Hause. Ich wusste ja, wie man diesem Geist der Angst begegnen konnte. Ich musste mich aber ganz konkret darauf besinnen und erfuhr so, wie schwer es sein kann zu kämpfen, wenn man selbst mitten drinnen steckt. Schließlich nahm ich den Kampf auf. Ich begann laut zu beten und befahl jedem Dämon der Angst zu weichen. Nach drei Wochen war die Angst wieder verschwunden und ich um eine Erfahrung reicher, die mich in der Beziehung zu den Menschen weicher und empfänglicher machte.

1997 bekam ich dann den Ruf, nach Deutschland zu gehen. Das geschah folgendermaßen. Erst besuchte mich Ed Traut und er prophezeite, dass Gott mir die Türen nach Deutschland öffnen würde. Er war regelmäßig in unserer Gemeinde gewesen, da er in der Gegend unterwegs war. Kurz darauf sagte, auch Elisabeth, Gott werde mich in ein Gebiet schicken, in dem drei Länder zusammenkommen. Sie betete für mich und sagte, sie sehe mich eine Grenze überqueren … wie die Israeliten. „Pass-Over". Sie wiederholte dieses Wort in Englisch. Sie sagte, der Ort, an den ich gehen solle, klinge ganz ähnlich, wie Pass-Over. Passau? Genau konnte sie es nicht sagen. Sie sagte, der Herr werde mir einen großen, aber gemütlichen Ort zur Verfügung stellen. Gleich gegenüber von einem großen Supermarkt. Immer wieder bin ich fasziniert von den konkreten Angaben, die Gott in Prophezeiungen übermittelt. Wahrscheinlich ist er einfach gnädig mit mir, weil er weiß, wie dringend ich die Bestätigung brauche, auf dem richtigen Weg zu sein. Wo andere nur einen kleinen Wink brauchen, benötige ich manchmal den Zaunpfahl!

In meinem Herzen wusste ich, dass Deutschland nicht mein Ziel und meine Berufung war. Ich fühlte mich nach Österreich berufen und nicht nach Deutschland. Und unmerklich, aber schleichend hatte ich die Vorurteile der Österreicher gegenüber den Deutschen übernommen. Es machte für mich also überhaupt keinen Sinn. Und ich hatte auch keine sonderlich große Lust dazu. Doch beide sagten, dass es bald passieren werde. Ich zuckte mit den Schultern und war bereit zu sehen, was kommen würde …

Dass es schon sehr schnell dazu kommen würde, hätte ich nicht gedacht.

Als ich Elisabeth nach dem Wochenende zum Zug brachte, rief mich am gleichen Abend jemand aus unserer neuen Gemeinde in Salzburg an. Ein junges Mädchen, das erst vor Kurzem zum Glauben gekommen war. Sie hatte einen Mann kennen gelernt, den sie heiraten wollte. Und sie rief mich an, um mir davon zu erzählen. Dann erzählte sie, dass ihr Verlobter eine Wohnung habe, die er nicht loswerden könne. Er wolle sie verkaufen, aber irgendwie liefe es einfach nicht. Schon viermal hatte er fast einen Käufer unter Vertrag gehabt und jedes Mal war in letzter Sekunde etwas dazwischengekommen. Sie wollte mich fragen, ob ich glaube, dass ein Fluch darauf liege? Ich fragte sie, wo diese Wohnung sei. Sie sagte, in Bayern.

Ich versprach zu beten und zu hören, was Gott dazu sagt. Dann besorgte ich mir, weil ich neugierig war, eine Karte und schaute, wo der Ort lag. Es war ein Kuhkaff … und siehe da … ganz in der Nähe von Passau. Ich traute meinen Augen nicht.

Mein Herz raste. Gott sprach. Aber so recht hören wollte ich noch nicht.

Ich rief das Mädchen zurück und sagte, ich würde am kommenden Wochenende sowieso nach Salzburg fahren und vielleicht könne ich bei der Wohnung vorbeifahren und sie mir ansehen. Ich dachte mehr so in die Richtung, dass die Wohnung wohl recht heruntergekommen sein müsste, da er sie nicht loswurde. Ich fuhr also am Freitag auf dem Weg nach Salzburg dort vorbei. Es regnete in Strömen. Inzwischen ahnte ich bereits, dass das der Ort war, an den Gott mich schicken wollte. Ich betete unterwegs um Bestätigung: „Herr – wenn die Sonne scheint am Ankunftsort, dann weiß ich, dass du es bist!" Und siehe da, kurz vor unserem Ziel brach die Sonne durch die Wolken. Immer wieder bin ich verblüfft, wie Gott reagiert. Wenn wir Bestätigung brauchen, ob wir auf dem rechten Weg sind, dann ist er mehr als bereit, uns diese auch zu geben.

Als ich dann an die Tür der besagten Wohnung klopfte und eintrat, war ich kaum mehr erstaunt, dass ich wunderschöne Räumlichkeiten vorfand. Es war ein Penthouse mit zwei Stockwerken, von Licht durchflutet und mit zwei Terrassen. Wunderschön, groß und gemütlich. Und ich war gar nicht mehr erstaunt, als ich aus dem Fenster schaute und den Supermarkt erblickte. Gott ließ keinen Zweifel offen.

Der junge Mann zeigte mir die Wohnung und fragte so nebenbei, ob ich selbst nicht in die Wohnung einziehen wolle – ich müsse ihm auch nur die Betriebskosten zahlen. Die Wohnung war perfekt. Marmorbadezimmer, begehbare Schränke, eingerichtet mit geschmackvollen modernen Möbeln. Ich konnte kaum glauben, dass er sie mir anbot und nur die Betriebskosten wollte. Er wurde die Wohnung nicht los, also war das eine Möglichkeit für ihn, sie wenigstens nicht leer stehen zu lassen.

Ich wusste also: Ich soll hierher.

Die Frage war nur: warum?

Zu dieser Zeit waren Sean und Trudi zu Besuch in Südafrika. Als sie zurückkamen, sagte ich ihnen, dass ich nach Eggenfelden ziehen würde. Ich wusste immer noch nicht, was ich da sollte, vertraute aber darauf, dass Gott schon richtig gesprochen hatte. Einen Monat später zog ich um. Ich hatte mich gerade eingerichtet, als ich mit einer Freundin in den Urlaub nach Griechenland fuhr – auf die Insel Rhodos, wo Paulus sich aufgehalten hatte. Dort auf Rhodos, auf einer Liege neben dem Pool, sagte Gott mir, was ich in Eggenfelden tun solle. Ich las im 2. Chroniken 29 über den König Hiskijas. Die Quintessenz ist, dass er das Volk zurück in den Tempel führt, um Gott anzubeten. Und ich verstand, dass Gott wollte, dass ich zu den geistlichen Leitern in Ostbayern sprechen solle, dass Gott Wiederherstellung und Erweckung bringen will. Aber zuerst sollten sie in Einheit zusammenkommen. Ich kannte keine geistlichen Leiter in und um Passau. Also versprach meine Zeit in Deutschland, mal wieder ein Abenteuer mit dem Herrn zu werden.

Götze Heimat

Ist etwa die Zeit gekommen,
dass ihr in euren getäfelten Häusern wohnt,
während dieses Haus in Trümmern liegt?
(Haggai 1,4)

Nun hatte ich diesen Auftrag vom Herrn. Eine Wohnung hatte ich auch, aber ich kannte niemanden. Ich sagte zum Herrn, dass Er diese Leiter zu mir schicken müsse. Und jetzt mal ehrlich: Wie groß war die Chance, dass in Eggenfelden mir völlig unbekannte geistliche Leiter auftauchen würden? Ich sah mich schon zufrieden nach Österreich zurückkehren und genoss einfach die schöne Wohnung.

Zwei Wochen später klingelte mein Telefon. Es war der Leiter einer ansässigen Gemeinde, der gehört hatte, dass ich in seine Nähe umgezogen sei. Und er fragte, was ich denn hier mache. Ich erzählte ihm, dass mich der Herr hierher geführt habe. Daraufhin fragte er, ob ich ihnen denn etwas vom Herrn mitzuteilen habe.

Ich konnte nur erstaunt mit Ja antworten.

So kam er mich mit seinem Pastor besuchen, um zu hören, was Gott ihnen zu sagen hatte. Fünf Männer kamen zu mir in die Wohnung, die ich vorher noch nie getroffen hatte. Und da stand ich nun und musste ihnen erzählen, dass ihre Gemeinden nicht in der Ordnung des Herrn waren. Ich hatte ziemlich genaue Informationen von Gott bekommen, was nicht richtig lief. Im Zentrum der Kritik stand, dass sie sich von ihrer ersten Liebe abgewendet hatten. Dass Jesus nicht mehr an erster Stelle war, sondern Strukturen und Projekte in den Mittelpunkt gerückt waren. Jede zwischenmenschliche Beziehung musste darunter leiden.

Ich trug ihnen das vor und wusste, dass sie mich anschließend entweder steinigen würden oder dass ich den Kern der Sache traf und sie es annehmen mussten. Der Pastor war verblüfft und sagte, das müsse wohl von Gott kommen, da ich keine Ahnung haben konnte, wie es tatsächlich in ihrer Gemeinde aussah. Offensichtlich hatte ich den Nagel auf den Kopf getroffen.

Ich war erleichtert.

Nun wollten sie mehr hören. Und ich erklärte ihnen, dass Gott wollte, dass die geistlichen Leiter aus diesem Teil von Bayern sich miteinander trafen und einen gemeinsamen Weg einschlugen. Die Leiter berichteten mir, dass sie bisher keine Einheit erzielt hatten. Wir gründeten also die so genannte „Gebetsinitiative Ost-Bayern". Alle christlichen Glaubensrichtungen waren eingeladen. Langsam wuchs die Initiative und Freundschaften entwickelten sich. Ich traf mich regelmäßig mit den Leitern und begleitete ihre Arbeit. Ich war einfach nur da, traf mich mit Menschen und ohne dass ich großartig etwas organisierte, geschahen die Dinge um mich herum. Ich war einfach nur aufgefordert, da zu sein.

Ich pendelte zwischen Innsbruck und Bayern, da ich ja auch noch meine Seminare hielt. Überraschenderweise genoss ich Bayern sehr und beantragte deshalb eine deutsche Aufenthaltsgenehmigung, die jedoch immer wieder abgelehnt wurde. Ich erfuhr nie, weshalb. Nach zwei Jahren, nachdem mein Antrag bereits das vierte Mal abgelehnt worden war, bat Sean mich, nach Innsbruck zurückzukommen. Was genau Gott mit meiner Zeit in Bayern wollte, werde ich wohl erst im Himmel erfahren. Ich konnte es nie ganz einordnen, außer dass ich dadurch auch eine Liebe für die Deutschen geschenkt bekam.

Zurück in Innsbruck zog ich wieder einmal in einen Keller. Es war ein Keller unterhalb einer Frühstückspension. An meinem Fenster sah ich immer nur die Beine der Menschen vorbei gehen. Es war eigenartig. Immer wenn ich irgendwo einzog, wo es schön war und ich begann, mich zu Hause zu fühlen, musste ich anschließend wieder in einen Keller ziehen. Ich habe einmal ausgerechnet, dass ich in meinem Leben im Schnitt alle 18 Monate umgezogen bin. Ich bin erschöpft, wenn ich nur darüber nachdenke. Gott führte mich regelmäßig aus angenehmen Wohnsituationen heraus und schickte mich in Kellersituationen und ich fragte mich nach einer Weile, warum das passierte.

Es dauerte, bis er mir zeigte, was es damit auf sich hatte. Seit ich ein kleines Kind war, hatte ich dieses Suchen und Sehnen nach Heimat im Herzen. Und jedes Mal wenn ich mich an einem Ort zu Hause zu fühlen begann, machte ich es mir gemütlich und badete in diesem Gefühl, endlich angekommen zu sein. Und ohne es zu merken, hatte ich den Aspekt, „zu Hause" zu sein, über meine Beziehung zu Gott gestellt. Das ließ er nicht zu. 2002 hatten wir eine Konferenz mit einer Prophetin aus Amerika. Sie rief mich auf die Bühne und begann über mich zu sprechen. Neben anderen Dingen prophezeite sie, der Herr werde mir ein Haus schenken. Weil es hart für mich sei und nur der Herr das wisse. Es erwischte mich wie ein Schlag, denn ihre Worte trafen mich mitten ins Herz. Der Wunsch nach Heimat war tief in mir verwurzelt.

Auf diesem Seminar traf ich Maria Prean wieder, eine charismatische, starke Frau im Glauben, die in Österreich und Deutschland Seminare hielt, die viele Menschen zu Jesus und in die Freiheit führten. Maria fragte mich, ob ich die Leitung ihrer Seminare in Hochimst übernehmen wolle. Ich sagte zu. Nachdem ich nach Imst gekommen war, wohnte ich in einem schönen Haus. Ein

Jahr nur wohnte ich dort, obwohl der Eigentümer mir versprochen hatte, ich könne sieben Jahre dort bleiben. Dann zog ich nach Hochimst in eine Pension. In jeder Saison musste ich mit allem, was ich hatte, ausziehen. Es war wirklich anstrengend, und hätte Gott mich nicht mit einer gewissen Abenteuerlust ausgestattet, wäre ich gewiss verzweifelt. Während dieser Zeit fiel mir ein Buch in die Hände: „Der Himmelsbürger". Als ich dieses Zeugnis und das Furchtbare, das der Autor erleiden musste, las, bat ich Gott von Herzen um Vergebung. Denn ich sah plötzlich, wie gut es mir eigentlich ging. Aber auch wenn ich es akzeptierte, dass Gott mich durch die Gegend scheuchte, so freute es mich doch nicht. Ich dankte entschlossen dafür, dass ich ein Dach über dem Kopf hatte. Eines Abends, als ich wieder in mein Zimmer kam, hörte ich ganz deutlich in meinem Herzen, wie der Herr sagte: „Du hast es überstanden."

Ein Jahr später zog ich in das Haus, in dem ich noch heute lebe. Es war so groß und so schön, dass mich nach ein paar Monaten der Gedanke überfiel, ob der Herr mich auch von hier wieder in einen Keller schicken würde. Da zeigte Gott mal wieder seinen Humor und mir wurde zum ersten Mal wirklich bewusst, wie die Straße hieß, in der mein Haus lag: Kellerstraße.

Aber zurück zu der Zeit nach meiner Rückkehr. Ich wohnte also einmal mehr in Kellerräumen und hatte auch geistig eine Keller-Phase. Meine Zeit in Deutschland war so schön gewesen, dass es mich frustrierte zurückzukehren. Ich saß in einem Loch. Sean und Trudi waren froh, dass ich wieder da war, aber mir ging es nicht gut damit. Ich wurde in diesen Wochen offiziell von unserer Bewegung als „Minister of the Gospel" ordiniert. Unsere Leiter aus Südafrika kamen extra angereist, legten mir Hände auf und „sandten" mich in meinen Dienst. Mein Amt als Bibellehrer war damit offiziell. Mir schien das nicht so wichtig, aber meine Kinder waren hinterher ganz entrüstet, weil ich sie dazu nicht eingeladen hatte. Sie sahen das als große Ehre, ich nur als ein Papier in meiner Hand. Meine gedrückte Stimmung schwappte also über auf mein Leben.

Die Seminare gingen weiter. Ich reiste viel umher, sprach und betete für Menschen. So kam ich zum Beispiel auch nach Lettland. Dort spürte ich verstärkt, dass ich ständig müde war. Es ging mir nicht gut. Das Loch, in dem ich geistig saß, sperrte auch meinen Körper ein. Ich konnte körperliche und seelische Erschöpfung spüren. Ich träumte während dieses lettischen Seminars, dass ich bei einem Arzt sitze und dieser mir erklärt, was alles nicht in Ordnung mit mir ist. Der Arzt sagte mir, dass ich sterben würde, wenn ich so weiter mache. Ich tat einfach zu viel und mutete mir zu viel zu. Ich erzählte das am nächsten Morgen der Frau des amerikanischen Missionars in Lettland. Und sie bestätigte mir, dass ich eine Zeit der Ruhe brauchte.

Also sagte ich nach meiner Rückkehr nach Österreich meine kommenden Seminare ab. Ich spürte, dass ich mich zurückziehen sollte. Aber ich erledigte noch lauter Dinge. Ich konnte es einfach nicht lassen. Ich war sehr beschäftigt. Ich lud mir immer viel auf und spürte die Verantwortung auf meinen Schultern, dass jeder frei werden müsse. Zwischen Seminaren machte ich private Seelsorge. Ich arbeitete durchgehend. Da ich nicht gehorsam war, musste der Herr mich „stilllegen“, was keine schöne Lektion war.

Das kam so: Am 10. September 1999 fiel ich rückwärts aus der Badewanne. Ich landete sehr schmerzhaft auf dem Rücken und dachte im ersten Moment, ich hätte mir das Genick gebrochen. Das war glücklicherweise nicht geschehen, aber ich war doch schwer verletzt. Ich rief Freunde an, die mich ins Krankenhaus brachten. Der Arzt meinte, es sei zwar nichts gebrochen, aber alles gestaucht. Er sagte, er könne mir eigentlich nichts gegen den Schmerz geben, sondern ich müsse das jetzt aushalten. Für ca. drei Monate musste ich im Sitzen schlafen, da ich nicht richtig liegen konnte. Ich konnte nicht gehen, war der Hilfe anderer ausgeliefert. Gemeindemitglieder mussten kommen und sich um mich kümmern. Alles tat mir weh. Und auch danach dauerte es weitere drei Monate, bis ich wieder ganz fit war.

Dennoch hatte es seine gute Seite. Durch die insgesamt sechs Monate Zwangsunterbrechung kam ich zur Ruhe und Gott bewahrte mich vor einem Burnout. Ich will nicht behaupten, dass Gott mich absichtlich aus der Badewanne geschmissen hätte. Aber er hat gewiss zugelassen, dass mir das kleinere Übel zustößt, denn sich von einem seelischen Burnout zu erholen ist bei weitem die mühsamere Angelegenheit, als geprellte Organe zu schonen. Nachdem ich wieder auf den Beinen war, zog ich in eine sehr schöne Wohnung in Oberperfuss. Während ich dort wohnte, begegnete mir Gabi.

Vom Satansbraten zum Engel

Darum geht zu allen Völkern und
macht alle Menschen zu meinen Jüngern.
Tauft sie auf den Namen des Vaters,
des Sohnes und des Heiligen Geistes.
Und lehrt sie, alles zu befolgen,
was ich euch geboten habe.
(Matthäus 28,18ff)

Meine erste Begegnung mit Gabi war, als sie im Sommer 2001 in die Gemeinde in Innsbruck kam, die Trudi, Sean und ich gegründet hatten. Mein erster Gedanke war: Was für ein Wrack! Sie saß in der ersten Reihe, neben einem Gemeindemitglied, das sie mitgebracht hatte. Sie war offensichtlich magersüchtig. Ihr Gesicht war voller Piercings, sie trug Totenkopfohrringe und sah insgesamt aus wie ein Zombie. Ihre Augen waren total leblos. Ihre langen schwarzen Haare waren ungepflegt, dünn und splissig. Sie machte einen verwahrlosten Eindruck und saß nach vorne gebeugt, als könne sie sich nicht gerade halten.

Als wir aufstanden um zu singen, merkte ich, dass sie unruhig wurde. Als wir anfingen zu loben und zu preisen, bekam sie so starkes Herzklopfen und Angst, dass sie floh. Aber am nächsten Sonntag war sie wieder da. Ich beobachtete sie aus dem Augenwinkel, als wir wieder zu singen begannen, und ich sah, dass sie wieder den Raum verließ. Wie ein verängstigtes Tier lief sie fluchtartig hinaus. Diesmal lief ich ihr nach. Draußen auf der Treppe erwischte ich sie. Ich wollte wissen, was los sei, und sie sagte, sie habe Angst. Ich fragte, ob ich für sie beten dürfe. Als ich es tat, fiel sie plötzlich wie vom Blitz getroffen zu Boden. Als ich mich über sie beugte, spürte ich Gottes Worte: „Ich habe ein besonders Ziel mit diesem Mädchen." Dieser Gedanke kam aus dem Nichts. Einfach so. Und ich wusste, dass er nicht aus mir selbst heraus kam. Denn ich hatte alles andere im Kopf als das. Ich hatte ausschließlich Mitleid mit dem Mädchen. Und dieser Gedanke schoss all dem entgegen durch mein Herz. So war mir klar, dass er von Gott war.

Sie lag am Boden, ihre Augen so verdreht, dass ich nur das Weiße sehen konnte. Es sah schrecklich aus. Ich betete weiter für sie und richtete sie schließlich wieder auf. Mir war klar, dass sie mehr brauchte als ein einfaches Gebet. Ich gab ihr meine Handynummer und sagte, sie könne mich anrufen, wenn sie Hilfe bräuchte. Das tat sie dann auch ein paar Mal. Ich erfuhr, dass sie seit ihrem 16. Lebensjahr meistens in psychiatrischer Behandlung gewesen war. Die geschlossene Anstalt war ihr nur zu gut bekannt. Sie war 23 Jahre alt, als ich sie kennen lernte. Noch nie war ich einem derart kaputten Menschen begegnet.

Später fragte ich die junge Frau, die Gabi in die Gemeinde mitgebracht hatte, wer dieses arme Wesen sei. Sie erzählte mir, dass sie sie in der psychiatrischen Klinik getroffen habe, als sie dort ein anderes Mädchen besuchte. Diese war mit Gabi befreundet und so begegneten sie einander. Beim zweiten Besuch in der Klinik bemerkte sie, dass Gabi eine Halskette mit einem Kreuz trug, und fragte sie, ob sie an Gott glaube. Gabi, die katholisch aufgewachsen war, antwortete mit Ja.

Durch die Frage „Kennst du auch Jesus?" weckte sie ihr Interesse. Und sie begann, Gabi von Jesus zu erzählen und dass Jesus ihr Leben verändern kann. Sie solle anrufen, falls sie mehr darüber wissen wolle. Gabi rief sie wenig später an und so erzählte sie ihr mehr von Jesus. Sie sagte Gabi, dass man Jesus in sein Herz einladen könne und dass er dann weiterhelfen werde. Daraufhin brachte sie Gabi mit in die Gemeinde.

Wenig später erwirkte die junge Frau bei der Klinik, dass Gabi auf ein christliches Camp gehen durfte. Nach zwei Tagen in dem Camp verließ sie es jedoch nach Absprache mit den Leitern wieder. Sie wollte nicht bleiben, und die Verantwortlichen waren froh, sie loszuwerden. Sie hatten Angst um dieses labile, kaputte Mädchen und fühlten sich überfordert. Sie zog in ein Studentenwohnheim in Innsbruck. Ein Student war für zwei Wochen im Ausland, und sie durfte sein Zimmer benutzen. Direkt gegenüber wohnte ein Ehepaar aus der Gemeinde, das sich ein wenig um Gabi kümmerte. Dieses Ehepaar rief mich wenig später verzweifelt an und sagte, dass sie Gabi unmöglich helfen könnten. Das Mädchen sei einfach zu schwierig und sie kämen nicht mit ihr zurecht. Ich versprach, darüber zu beten, was wir tun könnten, um ihr zu helfen. Das tat ich dann auch. Und ich bekam die Antwort: „Du nimmst sie auf!"

Ich war mir ganz und gar nicht sicher, ob das Gottes Stimme war. Und wenn ja, ob ich sie hören wollte. Ich wusste, dass Gabi sich entweder zum Guten verändern oder dass mein ruhiges, selbstständiges Leben völlig aus den Fugen geraten würde. Ich bat Gott also mal wieder um ein Zeichen, ob das tatsächlich Sein Wille war.

Am nächsten Tag saß ich nach dem Mittagessen entspannt im Wohnzimmer, als plötzlich etwas gegen meine Balkontür knallte. Ich sprang erschrocken auf und fand ein Vögelchen auf meinem Balkon, das gegen die Scheibe geflogen war. Ich nahm es auf die Hand. Blut kam aus dem Schnabel und ein Flügel war verbogen. Man sah, dass er gleich sterben würde. Ich sah den Vogel an und spürte, wie der Herr zu mir sagte: „So ist Gabi – wie dieser kleine Vogel."

Ich wollte es genau wissen: „Ich bete jetzt für diesen Vogel, und wenn du diesen Vogel heilst, dann weiß ich, dass du Gabi völlig wieder herstellen wirst." Das Vögelchen lag ziemlich schlapp in meiner Hand, als ich zu beten begann. Ich war nicht ganz bei der Sache, streichelte das Vögelchen und sah zwischendurch auf den Fernseher. Plötzlich streckte sich das Vögelchen und schiss mir genüsslich in die Hand. Ich musste lachen. Es schien ihm eindeutig besser zu gehen. Ich setzte es auf meinen Balkon und streute ein paar Körner aus. Ich hatte es schon fast wieder vergessen, als ich eine halbe Stunde die Balkontür noch einmal öffnete. Als ich hinaus kam, flog das Vögelchen weg – putzmunter. Verwundert und dankbar sah ich ihm nach. Denn ich wusste in diesem Moment mit großer Sicherheit, dass Gott Gabi wieder fliegen lassen würde.

•

Nach diesem Erlebnis rief ich sie an und sagte ihr, dass sie bei mir wohnen könnte. Ich wusste nicht, worauf ich mich einließ. Ich stellte sehr schnell fest, dass sie außer Zigarettensucht auch von Medikamenten abhängig war, Drogen nahm und tatsächlich magersüchtig war. Sie hatte selbstzerstörerische Tendenzen, ritzte sich die Arme blutig, auf denen bereits Narbengewebe zu sehen war. Sie war durch und durch ein Wrack.

Es war ein Donnerstag im August 2001, als sie bei mir einzog. An dem folgenden Wochenende kam eine Freundin zu mir zu Besuch. Wir nahmen Gabi am Freitagabend auf ein Grillfest mit. Ein Freund von mir sagte ihr auf den Kopf zu, sie würde sich in einem Jahr selbst nicht wieder erkennen. Sie schüttelte ungläubig den Kopf und sagte, dass sie das nicht für möglich halte. Ihre Augen waren starr und leblos, ihr Gang gebeugt. Sie ließ alles einfach über sich ergehen. Die Hoffnungslosigkeit und Resignation strömte ihr aus allen Poren. Es war deprimierend, sie anzusehen.

Am Samstagabend gab es dann bereits die erste Katastrophe. Nach dem Abendessen saßen meine Freundin Conny und ich noch auf dem Balkon und plauderten. Plötzlich durchfuhr es mich: Wo war eigentlich Gabi? Conny meinte, sie sei sicher schon im Bett, was eine nahe liegende Erklärung war. Ich spürte aber eine solche Unruhe in mir, dass ich in ihr Zimmer ging. Das Licht war aus und normalerweise hätte ich sie in Ruhe gelassen. Aber meine innere Stimme trieb mich an ihr Bett. Ich schaltete das Licht ein und zog erstmal erschrocken die Luft ein. Ich erkannte alle ihre Tablettenschachteln, die um das Bett herum verteilt lagen. Alle leer. Sie lag auf dem Bett und rührte sich nicht. Das Gesicht bleich. Sie hatte alle Tabletten geschluckt. Ich reagierte schnell und instinktiv. Ich mischte Salz und lauwarmes Wasser und schüttete es in ihren Hals, half mit dem Finger nach, damit sie sich erbrach. Sie spie alles heraus. Ich wusste allerdings nicht, wie lange sie die Tabletten schon in sich gehabt hatte. Also rief ich den Notarzt. Als die Rettung kam, war das Mädchen bereits im Delirium. Erst nachdem sie sie mitgenommen hatten, realisierte ich, dass ich nicht einmal ihren Nachnamen kannte. Conny und ich beteten bis Sonntag, dass der Herr ihr Leben retten möge. Um halb acht am Montagmorgen rief Gabi bei mir an und sagte mit leiser Stimme: „Ich bin o.k., du kannst mich wieder abholen."

Ich starrte etwas fassungslos auf den Telefonhörer. Was dachte dieses Mädchen sich eigentlich? Ich fuhr sie richtiggehend an: „Gabi – so geht das nicht. Wenn du selbstmordgefährdet bist, kannst du nicht bei mir bleiben. Die Verantwortung übernehme ich nicht. Ich habe weder die Zeit noch den Kopf, ständig auf dich aufzupassen."

Kurz war es still am anderen Ende der Leitung. Dann versprach sie hoch und heilig, nie wieder zu versuchen, sich das Leben zu nehmen. Und zum allerersten Mal hörte ich etwas Bestimmendes in ihrer Stimme. Etwas Festes. Ein Anflug von Willen.

Also fasste ich mir ein Herz, fuhr in die Klinik und holte sie ab. Als ich durch den Flur ging, kam sie mir entgegen und ich erkannte eine Veränderung in ihren Augen. Sie erzählte mir, was passiert war: Als sie eingeliefert wurde, habe sie gespürt, wie das Leben aus ihr herausfloss. Sie wusste, dass es zu Ende ging. Dann sah sie einen Tunnel, einen, der nach RECHTS führte und einen, der nach LINKS führte. Und sie wusste instinktiv, der nach RECHTS führte in den Himmel und der nach LINKS in die Hölle. Und plötzlich war sie in der Hölle. Sie war eingeschlossen von Geschrei und Klagen und einer unsagbaren Kälte. Es war finster und durch und durch einsam. Und es war so schrecklich, dass sie keine beschreibenden Worte dafür fand. Sie konnte nur vollkommen verzweifelt aufschreien: „Gott, lass mich leben."

Und dann spürte sie, wie ein Kampf um ihre Seele entbrannte. Sie konnte deutlich spüren, wie zwei Seiten an ihr zogen. Und plötzlich befand sie sich wieder in ihrem Körper. Als sie das Bewusstsein wieder erlangte, wurde ihr bestätigt, dass ihr Leben an einem seidenen Faden gehangen hatte. Es sei ein Wunder, dass sie noch am Leben war.

Sie erzählte, sie habe Conny und mich wahrgenommen. Sie habe uns an ihrem Bett sitzen und beten sehen. Sie fiel aus allen Wolken, als sie erfuhr, dass wir gar nicht im Krankenhaus gewesen waren. Sie hatte uns deutlich an ihrem Bett gesehen. Mir zeigte dieses Erlebnis einmal mehr, dass das Gebet keine Grenzen hat – weder in Zeit noch Raum.

Gabi war so froh, als sie wieder erwachte und lebte. Sie bat mich, sie mit nach Hause zu nehmen. Wir trafen uns mit dem Professor der Station. Als ich sagte, ich wolle sie mitnehmen, zeigte er mir Gabis Akte. Er sagte: „Frau Fleck, darf ich ehrlich sein mit Frau Bosma?" Gabi nickte nur stumm.

Und er breitete vor mir aus, was alles psychisch mit Gabi nicht in Ordnung war: von Borderline-Syndrom über Persönlichkeitsstörungen bis zu ausgeprägten Formen der Paranoia. Er sagte frei heraus, dass es keine Hilfe für sie gebe. Man habe bereits alle Therapien versucht und nichts erreicht. Die Ärzte attestierten ihr eine 65-prozentige Behinderung, durch die sie nicht selbstständig und alleine leben könne und solle. Ihren Eltern war bereits empfohlen worden, Frührente für Gabi zu beantragen. Er erzählte, dass es immer drei oder vier männliche Pfleger brauchte, um Gabi zu bändigen, wenn sie ausrastete. Sie hatte viel Zeit in der geschlossenen Anstalt verbracht. Er sagte, ich allein hätte keine Chance, wenn sie einen dieser Wutanfälle hätte. Und sie könne nicht ohne die Medikamente funktionieren. Es war erschütternd. Er riet mir entschlossen davon ab, diese Verantwortung zu übernehmen.

Ich wusste, dass diese ganze Sache meine Vernunft überstieg. Ich konnte nur im Vertrauen auf das Wort Gottes diesen Schritt tun. Ich sagte ihm, dass ich sie dennoch mitnehmen wollte. Sie hatten alles medizinisch Mögliche versucht, jetzt wollte ich es mit Gott versuchen. Ich schlug vor, dass ich jeden Montag mit ihr vorbeikommen würde. Er willigte unter der Bedingung ein, dass sie weiter ihre Tabletten bekam. Ich versprach, mich sofort bei ihm zu melden, wenn ich sähe, dass ich es nicht schaffe. So fuhren wir gemeinsam zurück nach Hause.

Ich wusste in diesem Moment, dass ich sofort beginnen musste, für sie um Befreiung zu beten. Wir fuhren also direkt zu unserer Gemeinde, die auf dem Weg lag. Ich fragte Gabi, ob sie ihre Tabletten genommen habe. Sie verneinte und meinte, sie habe keine Tabletten. Ich hatte auch keine von dem Arzt bekommen. Ich erinnerte mich, dass ich alle Medikamente dem Notarzt mitgegeben hatte. Was nun?

Ich legte los im Gebet und befahl dem Geist der Sucht, in Jesu Namen zu verschwinden. Ich betete, wusste aber nicht, wie weit ich gehen konnte. Ich begann also vorsichtig, sah aber, dass sie bereit war und es schaffen konnte. Ich betete gegen den Geist des Todes, gegen Selbstmordgedanken und gegen Süchte. Ich betete auch darum, dass sie keine Entzugserscheinungen haben sollte. Ich wusste nämlich, wie heftig Entzug sein konnte.

Dann fuhren wir nach Hause.

Ich fragte sie, was wir wegen der Tabletten tun sollten, und sie sah mich an und sagte sehr bestimmt: „Jesus wird mir da durchhelfen."

Die kommende Woche lief so: Jedes Mal wenn sie zu zittern begann und Entzugserscheinungen auftraten, legte ich ihr die Hände auf und betete so lange, bis sie sich beruhigte.

Eine Woche später waren wir wieder bei ihrem Arzt. Er fragte sie nach Alkohol, ob Gabi erbrochen habe, ob sie gegessen habe, wie es ginge. Sie hatte weder geraucht noch getrunken. Seit dem ersten Gebet in der Gemeinde hatte sie keine Medikamente genommen. Auch wenn ihr Körper noch reagierte, war sie doch von den Süchten befreit.

Der Professor war entsetzt und sagte zu mir, dass das verantwortungslos sei. Ihr Gehirn sei so lange an diese Medikamente gewöhnt, dass sie epileptische Anfälle bekommen könne, wenn sie so plötzlich entzogen würden. Ein bestimmtes Medikament solle sie unbedingt weiter nehmen. Wir sagten es ihm zu.

Als wir aber zu Hause ankamen, sagte sie, dass sie keine Tabletten mehr habe. Ich wollte schon zurück zum Arzt und welche holen, aber Gabi hielt mich zurück. Sie sagte, sie wolle sie nicht mehr nehmen und vertraue darauf, dass Jesus ihr da durchhelfe. Man konnte bereits erkennen, dass wieder Leben in ihr war. Sie kämpfte, hatte einen Willen und war nicht mehr wie fremdgesteuert. Und sie glaubte.

Alles, was sie besaß, stank nach Rauch, war dunkel und abstoßend. Sie spürte, dass sie alles, was sie besaß, vernichten musste. Es tat ihr nicht gut. So fuhren wir beladen mit ihren Habseligkeiten auf den Berg und verbrannten alles. Dort beteten wir, dass Gott ihr neue Dinge schenken würde. Und sie wurde aus der Gemeinde tatsächlich reichlich beschenkt.

Nach zwei Wochen saßen wir wieder bei dem Professor. Die erste Frage galt dem Medikament. Sie begann zu lachen. Er sah sie ganz verwundert an, da er sie zum ersten Mal seit sieben Jahren lachen sah. Er untersuchte sie und wiederholte seine Fragen nach Alkohol, Rauchen und Tabletten. Alles konnte sie verneinen. Er war wirklich erstaunt. Er sah mich an und gestand ein, dass das medizinisch nicht nachvollziehbar sei. In der dritten Woche untersuchte er sie und musste feststellen, dass sie körperlich komplett gesund war. Der Professor war zutiefst berührt und sagte später einmal zu Gabi, dass sie ihm für seine Arbeit wieder Mut gemacht habe.

Wir hatten also in nur drei Wochen „das Grobe" erledigt. Aber Gabi war durch und durch von falschen Verhaltensmustern geprägt. Ich begann, ihr kleine Aufgaben zu geben. Sie war sehr schnell überfordert. Allmählich konnte ich ihr helfen. Es begann damit, wie sie sich kleiden sollte, schminken … über Haltung, Sprache und Benehmen. Sie hatte verschiedene Ticks und war extrem ängstlich. Obwohl sie Fortschritte machte, konnte ich sie eigentlich nicht alleine lassen. Also nahm ich sie überall mit hin. Ich spürte, dass da noch Mächte am Wirken waren, die nicht gut waren. Und sie wurde gedanklich sehr angegriffen. Manchmal rastete sie völlig aus. Einmal war sie in ihrem Zimmer und ich hörte Scherben klirren, stürmte in ihr Zimmer und sah, wie sie den ganzen Glasspiegel zertrümmerte und alles, was aus Glas war, zerschmettert hatte. Sie lag wie ein Fötus inmitten der Scherben. Wir waren im zweiten Stock und das Fenster stand weit offen. Ich realisierte, dass sie durch dieses Drama zeigen wollte, dass sie einfach aus dem Fenster hätte springen können. Sie wollte mir Angst machen, mich manipulieren. Ich war wütend. Also packte ich sie und sagte, sie habe fünf Minuten, um diesen Saustall aufzuräumen. „Sonst schmeiß ich dich persönlich zu diesem Fenster raus!" Sie sah mich mit großen Augen an und räumte auf.

Als ich zurückkam, um das Zimmer anzusehen, sagte ich ihr: „Gabi, du bist keine Gefangene. Die Tür steht immer offen. Du kannst jederzeit gehen. Aber ich möchte, dass du jetzt eine Entscheidung triffst. Ich bin bereit und habe dich in mein Haus genommen, weil ich Potential in dir sehe. Und wenn du willst, dann helfe ich dir, das zu entdecken. Aber das wird ein schwerer Weg werden. Oder du kannst dich entscheiden zu gehen. Aber eines verspreche ich dir jetzt und hier: Dann brauchst du nicht mehr zurückzukommen."

Ich gab ihr zehn Minuten und sagte, wenn sie lieber gehen wolle, würde ich ihr ein Taxi anrufen und bezahlen, wohin immer sie auch wolle. Damit sei es dann abgeschlossen mit uns. Ich sagte ihr, dass ich nicht bereit sei, diese Spielerei mit Drohungen und Manipulationen auf mich zu nehmen. Also stellte ich sie vor ein klares Entweder-Oder. Sie bat mich um Verzeihung und entschied, dass sie bei mir bleiben wolle.

Sie blieb. Ich verlangte von ihr, Englisch zu lernen und mit dem Computer umzugehen, damit sie arbeiten konnte. Sie war mehr als bereit, es zu versuchen, aber allein der Gedanke versetzte sie in Panik. Ich schickte sie also in einen Computerkurs, einen Englischkurs und betete anfangs nur darum, dass sie den Mut habe, dort hinzugehen. Sie begann, mir im Haushalt zu helfen. Ich brachte ihr Kochen bei und Schritt für Schritt kamen wir weiter. Zwischendurch hatte sie Anfälle, und wir beteten intensiv um Befreiung. Einmal rastete sie völlig aus und zertrümmerte beinahe mein ganzes Wohnzimmer. Sie manifestierte heftig, ihre Augen verengten sich zu grünen Schlitzen und sie sprach in einer tiefen, fremden Männerstimme, die sie niemals selbst hätte hervorbringen können.

„Sie gehört mir, und ich gebe sie nie frei!", fauchte diese Stimme.

Ein ekelhaftes Lachen schlug mir entgegen.

„Ich werde sie benutzen, um dich zu vernichten!", spie diese Stimme.

Erst später erfuhr ich, dass sie in der Klinik auch der „Stations-Teufel" genannt worden war, da diese Ausbrüche immer wieder über sie kamen. Ich sah mich dem Teufel in Person gegenüber. Ich betete und betete und spürte doch, dass ich an eine Wand stieß und nicht weiter kam.

Es wollte nicht aus ihr weichen.

Also erklärte ich Gabi, dass der Satan irgendwo ein legales Anrecht auf sie haben musste. Und wir beteten, dass der Heilige Geist ihr aufzeigen möge, wo sie dieses Anrecht eingeräumt hatte. Am nächsten Morgen wusste sie, was es war. Sie war mit sechzehn in einer Wohngemeinschaft mit ein paar anderen Mädchen gewesen, einer WG für schwererziehbare Mädchen. Eines der anderen Mädchen hatte behauptet, dass man seinen Körper verlassen könne. Gabi war total fasziniert und wollte das auch können. Das Mädchen malte ein Pentagramm auf den Boden und stellte eine Kerze in der Mitte. Gabi musste ein Ritual vollziehen und ihr Leben Satan übergeben. Sie hatte keine Ahnung, worauf sie sich damit einließ. Als wir das entdeckt hatten, konnte sie sich lossagen von dieser Verbindung zu Satan, und sie bat Gott um Vergebung. Daraufhin verließen sie alle diese zerstörerischen Mächte. Es wurde ihr schwindelig zumute, aber als sie nach dem Gebet wieder zu sich kam, war sie befreit.

Die Veränderung war unglaublich und wunderbar. Aus dem schwarz gekleideten, mageren Wrack, dem kleinen Satansbraten, wurde eine wunderschöne, fröhliche junge Frau. Aber es war ein langsamer, schwerer Prozess und es bedurfte vieler Schritte der Vergebung und des Entdeckens, angefangen bei ihr selbst. Der Prozess der Selbstannahme hat immer damit zu tun, sich selbst zu erkennen und sich zu verzeihen für die eigenen Schwächen und Fehler. Das Verhältnis zu ihren Eltern musste erneuert werden und in vielem musste sie zurückblicken und aufräumen. Manches dauerte Jahre, bis Heilung erreicht war. Aber Gottes Größe wurde an diesem Mädchen offenbar. Es ist jeden Tag ein Wunder für mich, wenn ich Gabi ansehe, die mittlerweile meine rechte Hand geworden ist.

Im Oktober diesen Jahres flog ich nach Dallas, USA, wo ich vom Herrn offenbart bekam, wie man Verhaltensmuster wirklich ändern kann. Im November war Gabi dann auf dem ersten Seminar, das ich dazu hielt. Denn obwohl sie von ihren Süchten, dem aufsässigen Verhalten und anderen negativen Dingen frei geworden war, war ihr Verhalten immer noch von falschen Mustern geprägt. Sie hatte Ängste, war immer noch unruhig und sehr leicht überfordert. Durch das Seminar schaffte sie dann tatsächlich den Durchbruch in die Freiheit.

Der Schlüssel

Legt den alten Menschen ab,
der in Verblendung und Begierde zugrunde geht.
Ändert euer früheres Leben und
erneuert euren Geist und Sinn.
Zieht den neuen Menschen an,
der nach dem Bild Gottes geschaffen ist
in wahrer Gerechtigkeit und Heiligkeit.
(Epheser 4,22)

Obwohl ich viel für Menschen gebetet und so manchen Durchbruch erlebt habe im Leben der Einzelnen, gab es immer wieder Rückschläge. Wenn ich zum Beispiel jemanden frei gebetet hatte von einer Sucht, wurde so mancher nach ein paar Monaten wieder rückfällig. Das hat mich sehr beschäftigt und frustriert. Aus meinem Bibelstudium wusste ich jedoch, dass es auch um die Erneuerung der Gedanken ging. Im Römerbrief 12, 2 steht: „Gleichet euch nicht dieser Welt an, sondern wandelt euch und erneuert euer Denken, damit ihr prüfen und erkennen könnt, was der Wille Gottes ist; was ihm gefällt, was gut und vollkommen ist."

Diese Worte beschäftigten mich nachhaltig. Ich kannte den üblichen Weg. Die Auseinandersetzung mit Gottes Wort und die Umsetzung dessen, was Gottes Wort sagt, setzen neue Verhaltens- und Denkmuster in Kraft. Es bedarf einer tiefgehenden Umwandlung der Gedanken, um in die Gnade gemäß Seines Wortes zu kommen, um Seinen perfekten Willen anzunehmen für unser Leben. Ich hatte verstanden, dass die Gedanken erneuert werden mussten. Aber die Frage stand für mich im Raum, wie man ganz konkret daran arbeiten konnte – vor allem an dem, was einem

NICHT bewusst ist. Denn unser Denken ist nur in einem Bruchteil bewusst. Das meiste speist sich aus dem Unterbewusstsein. Das Gehirn und seine Funktion interessierten mich sehr. Tatsache ist, dass wir ein Produkt unserer Gedanken sind. Denn in der Bibel steht auch geschrieben: Wie man denkt, so ist man. Das bedeutet logisch, dass wir unser Sein durch unser Denken aktiv beeinflussen.

Ich spürte, dass es einen richtigen Schlüssel geben musste, um das Gehirn vom negativen in positives Denken umzupolen. Es musste einen Weg geben, um das Unterbewusstsein auf Dauer umzutrainieren oder umzuprogrammieren. Ich habe im Kino einige Filme gesehen, in denen Menschen nach ein paar Tagen Gehirnwäsche die ganze kommunistische Ideologie übernommen hatten. Ich hielt es nicht für möglich, aber jetzt kann ich es mir vorstellen. Was der Feind auf diese Weise negativ gebraucht, musste doch auch auf gute Weise verwendbar sein. Denn der Feind kann nur kopieren, was an Gutem angelegt ist. Er kann nichts neu erfinden. Es musste also eine Möglichkeit einer „positiven Gehirnwäsche" geben. Es musste einen direkten Weg geben, aber ich hatte keine Ahnung, wie dieser aussah. Ich betete um diesen Schlüssel.

Und Gott beantwortete mein Gebet. Sean hatte ein paar Verhaltensmuster, die ihn sehr quälten. Ich hatte für ihn gebetet, aber obgleich er Befreiung erlebte, veränderte er sich nicht wirklich. Er wollte es, aber es schien nicht zu funktionieren. Er versuchte vieles, um sich zu ändern, aber nichts schien zu fruchten. Er fiel immer wieder in seine alten Verhaltensweisen zurück. Er beschäftigte sich sehr damit und sprach schließlich mit einem unserer geistlichen Leiter in Amerika. Dieser riet ihm, zu einem Psychologen in Dallas zu gehen, der ihm sicher helfen könnte. Dieser arbeitete mit Verhaltensmustern und Prägungen. Sean fuhr im Jahr 2000 nach Dallas. Offenkundig war dieser Psychologe in der Lage, ihm zu helfen, wo nichts vorher gewirkt hatte. Nach seiner Rückkehr sagte mir Trudi, dass er sich so zum Positiven verändert hätte, dass sie jetzt das Problem in der Beziehung sei.

Sie wollte auch nach Dallas.

Natürlich fragte ich Sean, was geschehen sei und wie er das letztendlich gemacht habe. Er konnte es nicht erklären. Aber die Veränderung an ihm war sichtbar. Ich war also sehr neugierig. Ich entschied spontan, mit Trudi nach Dallas zu reisen, um selbst zu sehen, wie das funktionierte. Wir hatten eine Gemeinde unserer Bewegung in Dallas, die ich kontaktierte und die so reizend waren, mir Flug und Hotel zu finanzieren. So lernte ich Dr. B. kennen. Ich ging mit Trudi in ihre Therapiestunden, um zu beobachten. Wir waren gute Freunde und sie sagte, sie habe nichts dagegen, da sie nichts zu verbergen habe. Ich machte mir Notizen und nach drei Tagen fuhren wir wieder nach Hause.

Die Quintessenz des Psychologen war, dass er seine Patienten in die Beziehungen zu Menschen zurückführte. Er erklärte Trudi, dass wir im Unterbewusstsein negative Gedanken aus schlechten Erfahrungen gespeichert hätten. Und diese Erfahrungen sollten wir angehen. Das war nun alles nicht besonders neu oder aufregend. Was ich jedoch interessant fand, war, dass er sagte, dass man negative Gedanken durch positive ersetzen könne. Er erstellte eine Liste von negativen Gedankenmustern, die er bei Trudi vorfand, als er mit ihr über bestimmte Menschen sprach, die ihr Leben geprägt hatten. Dann formulierte er Sätze, die eine positive Entsprechung der negativen Muster waren. Abends musste sie diese Sätze auswendig lernen. Am nächsten Tag arbeitete er weiter, indem er Trudi in erhöhte Emotion versetzte und sie die auswendig gelernten Sätze sagen ließ.

Die Theorie dahinter ist Folgende: Man kann sein Unterbewusstsein auf zwei Arten trainieren, zum einen, indem man

Entscheidungen im Zustand hoher Emotion trifft. Dadurch gelangen sie direkt ins Unterbewusstsein. Deswegen können sich die meisten von uns ziemlich genau an sehr schöne oder sehr schreckliche Momente im Leben erinnern. Zum andern kann das Unterbewusstsein durch schlichte Wiederholung trainiert werden; ein Beispiel ist das Schalten beim Autofahren. Anfänglich noch bewusst, sinkt der Vorgang des Schaltens nach ausreichender Übung ins Unterbewusstsein und wir schalten, ohne darüber nachzudenken. Und so haben wir Verhaltensweisen, die wir nicht bewusst zeigen, da sie aus unserem Unterbewusstsein kommen. Ein geniales System. Aber eines, das natürlich auch schief laufen kann, indem sich negative Verhaltenweisen einprägen, die uns dann beeinflussen, ohne dass wir es auch nur realisieren. Die Methode des Dr. B. zielte genau auf diese Schnittstelle. Denn auch im Unterbewusstsein kann Positives durch Negatives ersetzt werden und anders herum! Und ich sah die Veränderung an Trudi. Sie war zuversichtlicher und beeindruckend war ihre neu gewonnene Fröhlichkeit.

Ich war fasziniert.

Ich überlegte, wie ich das, was ich gelernt hatte, in einem Seminar umsetzen könnte. Drei Wochen nachdem ich zurück war, entschied ich mich für eine komplette Umstrukturierung. Unsere Seminare waren darauf aufgebaut, das Negative loszuwerden.

Es ging um Befreiung.

Aber nicht um Veränderung.

Das schien mir nicht genug zu sein.

Ich wollte Nachhaltigkeit.

Das neue Konzept arbeitete damit, die negativen Gedanken und Verhaltensmuster durch positive zu ersetzen. Das war der Schlüssel. Es ging nicht länger darum, einfach nur Befreiung zu erleben, sondern wirklich nachhaltige Veränderung für sein

Leben zu erhalten. Das Seminar sollte eine Kombination aus der Erkenntnis sein, wie unser Gehirn zusammen mit der heiligen und befreienden Kraft des Heiligen Geistes durch Jesus Christus funktioniert. Zu meiner großen Freude merkte ich bald, dass Gott mir hier wirklich einen Schlüssel gegeben hatte, um Verhaltensmuster zu ändern. Ich nannte mein Seminar: „Neue Entscheidungen – neues Leben".

Unser ganzes Leben beruht auf den Entscheidungen, die wir treffen. Und ich habe festgestellt, dass manche Menschen Schlimmes erleben, aber in der schlimmen Situation positive Entscheidungen treffen und so als stärkere Menschen daraus hervorgehen. Andere haben nicht einmal so Schlimmes erlebt, aber negative Entscheidungen getroffen, die sie zu abhängigen, schwachen Menschen gemacht haben. Denn was sie von sich denken, das sind sie auch geworden. Um das Leben also neu zu gestalten und wirkliche Veränderungen zu erleben, sind neue Entscheidungen zu treffen, und zwar von ganzem Herzen und nicht nur mit dem Kopf.

Gabi war einer meiner ersten Fälle, an dem man den Erfolg dieser neuen Vorgehensweise gut sehen konnte. Ihr größter Durchbruch war es, ihre Versagensängste loszuwerden. Als Kind war sie eine sehr erfolgreiche Skirennläuferin gewesen. Ihr Vater förderte sie sehr. Als sie ungefähr 16 Jahre alt war, fiel sie in eine Depression. Sie litt oft unter Kopfschmerzen. Und deswegen begann sie, schlechte Noten zu schreiben. Und durch diese schlechten Noten war sie bald innerlich davon überzeugt, dumm zu sein. Vielleicht wurde ihr das auch gesagt. Sie hatte plötzlich Angst vor Prüfungen. Sie hat irgendwann in dieser Zeit entschieden, dass sie dumm sei und nichts könne. Und das hat sie tiefgehend geprägt. Sie konnte daraufhin tatsächlich nichts mehr. In dem Seminar konnte sie diese Festlegung durch eine neue Entscheidung ersetzen: Ich bin intelligent und kann schaffen, was ich mir vornehme. Und tatsächlich konnte man sehr schnell erkennen, wie sich das neue Muster in ihrem Leben durchsetzte. Das ist nur eines von sehr vielen Beispielen, wie Gabis Leben umgekrempelt wurde.

Am besten kann ich den Erfolg an mir selbst erkennen. Nachdem ich das erste Seminar gehalten hatte, ging Trudi mit mir durch den Seminarprozess, den wir entwickelt hatten. Ich konfrontierte mich mit meinem alten Leben und traf bewusst neue Entscheidungen. Ich hatte selbst einige Verhaltensmuster, die ich einfach nicht loswurde. Ich hatte beispielsweise immer mit dem Gefühl der Ablehnung zu kämpfen. Sehr schnell hatte ich den Eindruck, dass Menschen mich nicht wirklich mögen oder nicht ehrlich sind, wenn sie mir sagen, wie gern sie mich haben. Ich kam darauf, dass ich wohl bereits im Mutterleib die Erfahrung gemacht hatte, unerwünscht zu sein. Auch hatte ich stets Angst vor Konfrontation und Konflikt. Und meine Reaktion auf Konfliktsituationen war immer die Flucht. In diesem Fall war es klar auf die Konfrontationen mit meiner Mutter in meiner frühen Kindheit zurückzuführen. Ich war schon immer vor ihren Wutausbrüchen und den immer darauf folgenden Schlägen geflohen. Ich hatte instinktiv und unbewusst die Entscheidung getroffen, dass Konflikte nicht zu lösen sind, dass ich nicht gewinnen kann. Und dass es demnach besser ist, mich aus dem Staub zu machen.

Mittlerweile erntete ich zwar keine Schläge mehr, aber sobald ich mit jemandem einen Streit hatte, floh ich oder entzog mich schnell der Situation. Und ich war ziemlich unsicher. Vor allem wenn Menschen mit starker Autorität auftauchten, ob das meine Chefs, Leiter oder Pastoren waren. Ich kam mir immer klein, minderwertig und unsicher vor. Und ich zog mich zurück. Auch das kam aus meiner Kindheit und der Beziehung zu meiner Mutter. Sie war die einzige Autorität in meinem Leben gewesen, und ich hatte ihr nie das Wasser reichen können.

Auch fühlte ich mich meistens wie das fünfte Rad am Wagen, irgendwie überflüssig. Ich muss nach dem Selbstmord meiner Schwester Driekie, als wir alle der Scham und der Schande ausgeliefert waren, die Entscheidung getroffen haben, dass wir anders und ausgeschlossen sind. Auch hatte ich offensichtlich die Entscheidung getroffen, dass das Leben einfach schwer ist. Ich konnte nie ganz entspannt sein und mich erholen, da ich immer erfahren hatte, dass ich etwas tun müsse. Ich hatte mich entschieden, dass das Leben eigentlich bitter und hart ist. Und obgleich ich von so vielem frei geworden war, prägten diese Entscheidungen immer noch mein Leben. Mein Denken war noch nicht erneuert.

Ich konnte zum Beispiel Menschen in meiner Gemeinde nie wirklich konfrontieren. Ich zog mich immer in meine eigenen vier Wände zurück, sobald es ein Problem gab. Und obgleich Trudi, Sean und ich gute Freunde waren, hatte ich mich nie als Teil von einem Freundeskreis empfunden, sondern immer nur als fünftes Rad am Wagen. Obgleich sie mich nie ausschlossen, fühlte ich mich oft überflüssig und ausgegrenzt. Das Schlimmste war, wenn unsere Leiter aus Amerika oder Südafrika zu Besuch kamen oder ich auf Konferenzen nach Südafrika oder Amerika fuhr. Ich konnte nie mit diesen Leitern auf gleichberechtigter Ebene agieren. Ich konnte nie frei sprechen. Ich hatte immer das Gefühl, Blödsinn zu reden. Und ich überprüfte immer meine Aussagen, damit ich bloß nichts Falsches sagte. Ich WUSSTE innerlich um meine Freiheit in Jesus Christus und dass er alles Gute in mir bewirkt, aber mein Verhalten entsprach nicht diesem Wissen.

All diese Verhaltensmuster erkannte ich und arbeitete sie mit Trudis Hilfe durch. Keine drei Tage später konnte ich die ersten wirklichen Veränderungen bemerken. Ich war plötzlich in der Lage, auf Menschen zuzugehen und sie mit Dingen zu konfrontieren, die mich schon lange gestört hatten. Und ich traf diese Leute und konnte mit ihnen sprechen, ohne mich innerlich zu verbiegen. Das war eine sofortige Wirkung der intensiven Arbeit mit Trudi. Ich hatte wegen dieser Unsicherheit immer große Schwierigkeiten damit, NEIN zu sagen. Auch das fiel mir plötzlich viel leichter. Aber nicht alles, was ich neu entschieden hatte, setzte sich mit sofortiger Wirkung um. An manchen Aspekten musste ich länger arbeiten. Darum weiß ich auch, dass Folgendes wahr ist: Es gibt zwei Wege, das Unterbewusstsein positiv zu prägen. Erstens: emotionale Entscheidungen. Zweitens: Entscheidungen, die man ständig wiederholt, können das Unterbewusstsein beeinflussen. Also blieb ich dran und traf täglich positive Entscheidungen über mein Leben.

Nach meinem Leben, das aus Scheitern bestanden hatte, durfte ich letztendlich in ein Leben des Erfolgs eintreten. Gott gab mir diesen Schlüssel und als Erstes durfte ich mein eigenes Leben erschließen. Ich durfte Erfolg haben.

Ich erlebe weitreichenden Segen mit diesen Seminaren: Gescheiterte Ehen werden geheilt, depressive Menschen werden ganz gesund. Menschen mit jahrelanger Verhaltensstörung konnten diese endgültig überwinden. Menschen kommen von Süchten frei und physisch Kranke werden geheilt. Dies erleben zu dürfen erfüllt mein Leben endlich mit dem Sinn, nach dem ich immer gesucht habe. Es ist mehr, als nur zu arbeiten und den Kopf irgendwie über Wasser zu halten. Ich bin bei meiner Berufung angelangt, die Gefangenen freizusetzen.

Ein Gott, der Träume wahr macht

Als der Herr das Los der Gefangenschaft Zions wendete,
da waren wir alle wie Träumende.
Da war unser Mund voll Lachen und unsere Zunge voll Jubel.
Da sagte man unter den anderen Völkern:
Der Herr hat Großes an ihnen getan!
(Psalm 126)

Am Ende dieses Buches möchte ich noch auf ein wunderbares Thema kommen, das mich sehr bewegt und jeden ermutigen soll. Unser Gott ist gut. Unser Gott ist allmächtig. Und er ist ein Gott, der Träume wahr macht. Auch wenn das wie ein Werbeslogan klingt, ist es doch das, was ich in meinem Leben erfahren durfte.

Schon als Kind war ich eine große Tagträumerin gewesen. Ich habe mir meine Zukunft gerne ausgemalt und mich in Fantasien geflüchtet. Ich träumte immer davon, einen Vater zu haben. Tief in mir war diese tiefe, schmerzhafte Sehnsucht nach einem Vater. Ich beneidete andere Kinder, die einen Mann Vater nennen durften. Eine komplette Familie war für mich immer der Inbegriff von Wohlstand und Frieden. Ich dachte zwar viele Jahre lang, Hendrik sei mein Vater, aber tatsächlich war auch dieser selten da. Hendrik war schließlich von meiner Mutter geschieden worden, und ich habe ihn fast nie gesehen. Ich träumte von einem Vater, der immer für mich da war, der mich aus dem Internat abholte und auf dessen Schoß ich sitzen konnte. Mein Vater wurde in meiner Fantasie zum Inbegriff der Zärtlichkeit; von meiner Mutter hatte ich solche ja nie erfahren.

Und wie jedes junge Mädchen träumte ich von meinem persönlichen Helden. Der Prinz auf dem weißen Pferd, der kommen und mich aus allem herausholen würde. Er würde um mich kämpfen, mich umwerben und gut für mich sorgen. Er würde flammende Augen nur für mich haben. An seiner Seite hätte ich alles. Ich wünschte mir Kinder und träumte davon, gleich viele zu haben, damit keines einsam sein musste. Und ich würde meinen Kindern all das geben, was mir in meiner Kindheit gefehlt hatte. In meinem Traum gab es eine Familie: Vater, Mutter, Kinder. Ich konnte die Mutter oder das Kind sein, je nachdem, welches Traumszenario gerade dran war.

Auch träumte ich von einem Zuhause. Niemals in meinem Leben hatte ich ein Zuhause gehabt. Ich habe nie ein eigenes Zimmer gehabt, war immer in Internaten und unzählige Male umgezogen. Ich wollte so gerne einen Ort haben, den ich Zuhause nennen konnte. Und ich wollte Karriere machen und ein Geschäft aufbauen, in dem anderen Menschen geholfen wurde. Ich wollte Lehrerin werden und studieren. Aber meine Mutter war zu stolz, um zuzulassen, dass ich ein Stipendium annahm.

Und natürlich träumte ich davon zu reisen. Ich wollte die ganze Welt sehen. Ich verschlang alle Bücher über abenteuerliche Reisen, die ich in die Hände bekommen konnte. Die Reisen von Marco Polo gehörten zu meinen größten Schätzen. Ich hatte den Film „In achtzig Tagen um die Welt“ gesehen und ersehnte mir eine Reise mit dem Heißluftballon. Meine Lieblingsfächer in der Schule waren Geographie und Geschichte. Ich wollte alles über die Länder dieser Erde wissen. Besonders Europa hatte es mir angetan. Ich träumte mich nach Italien, Spanien und hauptsächlich nach Österreich. Immer wenn ein Zug vorbeifuhr, überlegte ich sehnsüchtig, wo die Passagiere wohl hinreisten. Wenn ein Dampfer den Hafen verließ, wollte meine Seele mitfahren. Ich wäre der glücklichste Mensch auf Erden gewesen, wenn ich eine Weltreise hätte machen können. Einmal auf eine Kreuzfahrt zu gehen. Oder eine Fahrt auf dem Rhein – an der Loreley vorbei. Ich träumte und träumte, aber nichts davon schien in greifbarer Nähe zu sein.

Mit 37 Jahren lagen alle diese Träume als Scherbenhaufen vor mir. Ich hatte zwei gescheiterte Ehen hinter mir. Vielleicht auch, weil ich einen Vater in diesen Ehemännern gesucht habe und nicht fand. Immer musste ich für mich selbst sorgen, konnte mich eigentlich auf niemanden verlassen. Ich hatte sogar zwei Prinzen bekommen, aber ich musste feststellen, dass mein Leben kein Märchen war, sondern die traurige Geschichte von Menschen, die einander schwer enttäuscht hatten. Meine Söhne hatten sich von mir entfremdet und lebten im Internat. Sie versuchten, mit Drogen und Alkohol ihre Leere zu füllen. Mein Traum von einem Zuhause wurde auch nicht wahr – ich stand mit nichts da und wusste nicht, wohin ich gehen sollte. Meine Familie war zerbrochen. Fünf meiner Geschwister waren zu diesem Zeitpunkt bereits gestorben, einen Vater kannte ich nicht und meine Mutter konnte mir nichts von der Liebe geben, die ich gebraucht hätte. Ans Reisen brauchte ich gar nicht erst zu denken, da ich immer hart arbeiten musste, um mich und meine Söhne über Wasser zu halten. In meinen Berufen bestand ich mehr schlecht als recht. Mein Wunsch nach einem eigenen Geschäft realisierte sich nie, da ich immer in abhängiger Stellung arbeitete.

Alles veränderte sich, als ich mit 40 Jahren Jesus mein Leben übergab. Als erstes zeigte er mir den Weg zum wirklichen Vater. In Johannes 14, 6 sagt Jesus: „Ich bin der Weg und die Wahrheit und das Leben. Niemand kommt zum Vater als durch mich.“ Und so begegnete ich dem himmlischen Vater, und er begann, meine Träume wahr zu machen.

In kleinen und großen Geschehnissen lernte ich meinen Vater im Himmel kennen, als einen liebenden und sorgenden Vater. Ich lernte, mich auf ihn zu verlassen und ihm voll und ganz zu vertrauen. Dieser Vater kannte mich. Und er nannte mich beim Namen. Er wusste um mich, bis in die Tiefe meines Wesens. Und obgleich ich mir klein und unnütz vorkam, liebte er mich, und ich konnte in seine Arme fliehen.

Mein Wunsch nach einem Prinzen auf einem weißen Pferd wurde wahr, als ich mich für Jesus entschied. Ich begegnete ihm, wie es in Offenbarung 19, 11–16 steht: „Und ich sehe den Himmel geöffnet und sehe ein weißes Pferd und der darauf saß, genannt Treu und Wahrhaftig, und er richtet und führt Krieg in Gerechtigkeit. Seine Augen aber sind Feuerflammen und auf seinem Haupte sind viele Diademe und er trägt einen Namen geschrieben, den niemand kennt als nur er selbst. Und er ist bekleidet mit einem in Blut getauchten Gewande. Und sein Name heißt: Das Wort Gottes."

Er begann, mich von Verletzungen und der Ablehnung zu befreien, die ich erfahren hatte. Ich wurde nach und nach frei von Stolz, Armut und Krankheit, Einsamkeit, Bitterkeit und vom Kettenrauchen. Ich hatte damals Hepatitis B und dadurch war meine Leber vergrößert und geschädigt. Sie wurde vollkommen wiederhergestellt. Mein Arzt fiel aus allen Wolken, als sich bei einer Untersuchung meine Leber gesund und kräftig präsentierte.

Auch die Beziehung zu meinen Kindern ist vollkommen erneuert worden. Beide haben Jesus angenommen und meine Söhne, ihre Frauen und meine sieben Enkel dienen dem Herrn. Sie haben gute Ehen und unsere Beziehung wächst und gedeiht. Glenn und Charl, die sich früher überhaupt nicht verstanden haben, sind sich jetzt sehr zugeneigt und unterstützen einander. Meine Schwiegertöchter sind mir wie eigene Töchter ans Herz gewachsen. Und ich bin beschenkt mit sieben begabten, schönen Enkelkindern. Mein Sohn Glenn ist 2008 mit seiner Frau Laura und ihren beiden Kindern nach Österreich gekommen und arbeitet als Pastor in Salzburg. Charl lebt mit seiner Frau und seinen fünf Kindern in London und führt eine Zahnarztpraxis. Und zusätzlich gab Gott mir eine riesengroße Familie von Gläubigen. So habe ich Freunde und Bekannte auf der ganzen Welt.

Mein Wunsch nach einem eigenen Heim wurde erfüllt durch das Haus, in dem ich heute lebe. Es ist ein wunderbares und großes Geschenk. Dass das Haus in der Kellerstraße liegt, ist für mich ein Zeichen von Gottes Humor, den er mir immer wieder offenbart hat. Und ich darf lehren und habe ein gut laufendes Seminar-Geschäft, auch wenn sich das nicht an Einnahmen messen lässt. Ich arbeite im Vollzeitdienst für meinen Vater im Himmel, und Er sorgt für alles. Das bedeutet, dass ich mich voll und ganz darauf verlasse, dass er sich um alles kümmert. Ich habe kein geregeltes Einkommen und keine „weltlichen" Absicherungen. Das fordert mich auch jeden Tag aufs Neue heraus, mein Vertrauen zu 100 Prozent in Gottes und nicht in meine eigene Kraft zu setzen.

Ich bin Vorsitzende von „Fürbitte für Österreich" und mein Seminar-Dienst „Juliana Bosma Ministries. Treffpunkt neues Leben e.V." ist ein florierendes Geschäft im Dienst am Menschen.

Gott hat begonnen, auch meine Träume vom Reisen wahr zu machen. Seit meiner ersten Reise nach Israel 1987 habe ich inzwischen die verschiedensten Nationen besucht. 2003 wurde ich auf eine Kreuzfahrt auf einem absoluten Luxusdampfer eingeladen. Der Name des Schiffs war „Imagination", und ich fuhr von Miami bis nach Guatemala. Es war prachtvoll. Und 2008 bin ich von Basel nach Amsterdam auf einem Luxusschiff gefahren.

Man stelle sich meine jubelnde Freude vor, als wir an der Loreley vorbeikamen. Schließlich durfte ich auch mit einem Heißluftballon über einen afrikanischen Safaripark fliegen, was ein berauschendes Erlebnis war.

Dass ich mittlerweile fest in Österreich lebe und sogar seit 2005 österreichische Staatsbürgerin bin, übertrifft alles, was ich mir je erträumt habe. Ich lebe sogar in der Gegend, in der der Film „Sound of Music" gedreht wurde!

Das sind meine großen Träume gewesen, und aller weiteren, wirklich aller, hat sich mein Vater im Himmel angenommen. Aber auch in den kleinen Träumen hat er sich nicht lumpen lassen und mir damit seine Zärtlichkeit gezeigt. So hatte ich etwa im Alter von 30 Jahren, lange vor meiner Bekehrung und ohne je mein Land verlassen zu haben, einmal mit Freundinnen herumgesponnen, wo wir unseren fünfzigsten Geburtstag verbringen wollten. Ich sagte einfach frei heraus: „Ich möchte meinen fünfzigsten Geburtstag mit einer Flasche Dom Perignon auf dem Eiffelturm verbringen und einen Sonnenuntergang sehen." Und so unglaublich das klingt, ich hatte das längst vergessen, an meinem fünfzigsten Geburtstag feierte ich mit drei Freunden auf dem Eiffelturm. Eine Freundin hatte es organisiert, ohne etwas von meiner früheren Äußerung zu ahnen. Es gab den schönsten Sonnenuntergang. Paris war gebadet in ein rosa Meer. Und wir tranken Dom Perignon.

Weckruf an die Nationen

Auf dem Zion stoßt in das Horn,
ordnet ein heiliges Fasten an,
ruft einen Gottesdienst aus!
Versammelt das Volk, heiligt die Gemeinde!
(Joel 2,15–16)

Ich sehe immer wieder, wie meine Gebete Umstände veränderten, und freue mich, dass ich in meiner Schwachheit so viel Autorität von Gott bekomme. Das wünsche ich mir so sehr für Europa. Bis jetzt zehren wir noch von den christlichen Fundamenten und Lebensstilen von starken Männern und Frauen Gottes vergangener Generationen. Aber Satan hat sich zum Ziel gesetzt, Europa zu vernichten, durch einen breitflächigen Abfall von Gott und seiner Gerechtigkeit. Es steht geschrieben, dass in den letzten Tagen „gut" „schlecht" und „schlecht" „gut" genannt werden wird. Die Familienstrukturen, wie Gott sie bestimmt hat, sind unter beständigem Beschuss. Satan weiß, dass der Erfolg einer Nation in gesunden Familienstrukturen liegt. Aber leider haben so viele Christen keine Ahnung von der Kraft und Autorität, die Jesus uns gegeben hat. Sie akzeptieren alles, was Satan mit ihnen und ihrer Umgebung anstellt. Es heißt dann Schicksal, schlechter Stern oder Unglückssträhne. Denn eine weitere Lüge Satans ist, dass Schmerz und Elend ein unveränderlicher Teil unseres Schicksals und eben nicht zu ändern seien. Aber wir haben alle durch Jesus Christus Macht bekommen, die Umstände durch das Gebet zu verändern.

Wir schreiben dieses Buch in Uganda, einem Land, das selbst ein lebendiges Zeugnis dafür ist, wie Gott durch Gebet ein ganzes

Land zur inneren Befreiung verholfen hat. Uganda hatte zwei Diktatoren und viele tausend Menschen sind mit HIV infiziert worden. Heute nimmt die Aids-Rate ab. In Uganda waren Wahlen, während ich mit Marie-Sophie Lobkowicz hier in Uganda arbeitete. Präsident Museveni wurde mit einer überwältigenden Mehrheit wieder ins Amt gewählt, für weitere fünf Jahre. Seit seiner Präsidentschaft herrscht Friede in Uganda. Dieser Friede zeugt von einem Sieg Christi. Während der furchtbaren Schreckensherrschaften von Obote sind viele ugandische Christen in die Wälder gegangen und haben nächtelang gebetet. Die Macht dieses Herrschers und seiner Regierungstruppe wurde letztendlich gebrochen, als die Christen für 90 Tage in den Wald gingen, um zu fasten und zu beten. Das Gebet hat das Schicksal dieses Landes gewendet, und es geht stetig bergauf. Und wie gut ist Gott, dass er Menschen hierher nach Uganda schickt, um die Armut und das Elend in diesem Land zu wenden. Maria Prean aus Österreich ist ein großes Vorbild für diesen Dienst am Menschen. Mit Gottes Hilfe gibt sie Tausenden hier Hoffnung und Leben, und wir staunen nur, was sie hier alles auf die Beine gestellt hat. Und so wirkt unser guter Gott, der mich als Afrikanerin nach Österreich schickte und Maria nach Afrika. Und wie froh sind wir beide dort, wo wir hingeschickt wurden!

So können auch die Christen den Kontinent Europa retten. Aber jeder Christ muss erst lernen, was seine Autorität und Identität in Christus ist, bevor er Erfolg haben kann. Diese einfachen Christenmenschen in Uganda wussten, dass nur Gebet ihr Land freisetzen konnte, und glaubten daran mit kindlichem, festem Glauben.

So oft höre ich Menschen fragen: Wenn Gott ein Gott der Liebe ist, warum gibt es so viel Unheil, Hunger, Elend und Leiden in vielen Ländern dieser Erde?

Das ist die Frucht der Sünde und das vernichtende Werk Satans, weil Gott dem Menschen die Wahl gegeben hat, sich zu entscheiden zwischen Leben und Tod, Segen oder Fluch. Wem dienst du? Gott oder Satan? Es gibt nur Licht oder Finsternis. Viele wollen sich für die graue Zone entscheiden. Sie wollen weder Fleisch noch Fisch sein.

Leider gibt es keine graue Zone.

Ich habe hier in Europa gemerkt, dass Menschen und sogar Christen keine Ahnung von Gottes Wort haben. Dabei heißt es doch: das Alte Testament und das Neue Testament. Jedes andere Testament, das uns zugesprochen wird, würden wir uns ganz genau ansehen. Dazu gibt es eine wunderbare Geschichte: In England gab es einen Mann Gottes, Smith Wigglesworth, ein Minenarbeiter. Viele Wunder geschahen, als er für Menschen betete. So wurde er eines Tages zu einer sterbenden Frau namens Anna gerufen, um für sie zu beten. Sie hatte kein Geld für medizinische Behandlung. Als er ihre ärmliche Behausung betrat, sah er nur ein Bett, einen Schrank und etwas Gerahmtes oberhalb ihres Bettes. Er betete für Anna, und dann fragte er neugierig, was es mit dem gerahmten Schriftstück auf sich habe, das über ihrem Bett hing. Da erzählte sie ihm, dass sie lange für eine wunderbare, sehr reiche Frau gearbeitet hatte, die leider gestorben war. Vor ihrem Tod hatte sie ihr dieses Schriftstück geschenkt. Sie hatte es eingerahmt als Erinnerung an diese Frau, die sie sehr geliebt hatte. Weder sie noch Smitty konnten lesen. Er fragte, ob er es mal zu jemandem bringen könnte, um es zu lesen. Am nächsten Tag kam er sehr aufgeregt mit dem Rahmen zurück zu der Sterbenden und erzählte ihr, dass es sich bei dem

Schriftstück um das Testament dieser Frau handelte und dass sie ihr, Anna, das ganze Vermögen hinterlassen hatte. Anna war eigentlich eine Multimillionärin. Und doch hatte sie 20 Jahre wie ein Bettler gelebt. Nicht zu glauben, aber wahr.

So geht es vielen Menschen mit Gottes Testament. Sie haben es, lesen es jedoch nicht und wissen darum nichts von der Fülle und Gnade, die ihnen zusteht. In Gottes Testament steht alles, was mir gehört, was ich brauche, um in diesem Leben gesegnet zu sein. Es steht darin, wer meine Feinde sind und wie ich sie überwinde und vieles mehr. Und Menschen sterben arm und armselig, von Satan gequält und zweifeln an der Güte Gottes! Weil sie es nicht gelesen haben! Jesus sagt im Markus 12,24: „Ihr irrt euch. Ihr kennt weder die Schrift noch die Macht Gottes."

Jesus hinterließ uns ein wunderbares Testament mit gewaltigen Verheißungen, die er mit seinem Leben bezahlt hat:

Er wurde arm, damit wir reich werden können.

Er trug unsere Krankheiten, damit wir gesund leben können.

Er wurde abgelehnt, damit wir von Gott angenommen werden.

Er nahm alle unsere Sünden auf sich, damit wir untadelig vor Gott sein können.

Er wurde verachtet, damit wir Würde bekommen.

Er hat unser Leiden und unsere Schmerzen auf sich genommen, damit wir Freude haben können.

Um unserer Missetaten willen wurde Er zerschlagen, damit wir von der Erbsünde frei werden.

Er wurde gestraft, damit wir Frieden bekommen.

Er wurde gerichtet, damit ich ewig bei Gott in Herrlichkeit sein kann.

Er hat Satan überwunden, damit jeder Kampf für mich zum Sieg wird.

Er hat uns frei gemacht, um uns Leben in Fülle zu schenken, und wenn wir es nicht haben, sind wir selbst schuld.

Er hat uns Geistesgaben gegeben.

Er hat uns Talente gegeben, um Ihn zu verherrlichen, damit diese Erde ein angenehmer Platz wird.

In unserer Schwäche zeigt er Seine Kraft und darum schämen wir uns nicht mehr unserer Schwäche.

Jesus hat alles bewirkt, aber wir müssen all dieses im Glauben annehmen und darum kämpfen: „Kämpfe den guten Kampf des Glaubens, ergreife das Ewige Leben, zu dem du berufen worden bist und für das du vor vielen Zeugen das gute Bekenntnis abgelegt hast.“ (1 Timotheus 6,12)

Jesus wurde Opfer für mich und wurde an meiner statt gerichtet! Was für eine Liebe! Was für eine Hingabe; was für ein Geschenk! Warum soll ich Ihm dann nicht mein ganzes Leben hingeben? Meine Geschichte zu erzählen hat auch mir selbst ganz neu vor Augen geführt, was Gott in meinem Leben alles gewendet und geweckt hat. Mein Herz quillt über vor Dankbarkeit und ich bete, dass jeder Leser, der an meiner Geschichte Anteil nimmt, eine ganz persönliche Erfahrung der Freude und Hoffnung machen darf.

Schlussbemerkung

Die Wochen mit Juliana in Uganda und unsere Arbeit an diesem Buch waren für mich persönlich sowohl Herausforderung als auch Bereicherung. Wenn man so eine intensive Geschichte hört und aufschreibt, reflektiert man fast automatisch das eigene Leben und den eigenen Glauben. Ich durfte neue Horizonte entdecken, habe eine frische Liebe zum Wort Gottes geschenkt bekommen und bin sehr dankbar für eine neu gewonnene Freundschaft mit Juliana, die mein Leben bereichert.
Als ich letzten Oktober selbst auf Julianas Seminar gegangen bin, hat es mich voll erwischt. Ich hatte keine Ahnung, dass es da Muster gibt, die mein Leben beeinflussen und hemmen – eigentlich habe ich mich bereits sehr frei und erlöst gefühlt. Aber es hat sich einmal mehr bewiesen, dass es im Reich Gottes immer ein „mehr" und ein „tiefer" gibt. Beginnt man den Weg mit Jesus zu gehen, dann hört das niemals auf – denn als Mensch bin ich fehlbar und falle immer wieder. Und ich brauche immer wieder seine Gnade und Hilfe, um mich aufzurichten und weiter zu gehen. Das Wunderbare daran ist, dass man bei jedem neuerlichen Aufrichten einen neuen Blickwinkel bekommt – etwas entdeckt, was man bislang nicht hat sehen können. Ich denke, auch das ist Gnade – der Herr lässt einen immer nur soviel sehen, wie man ertragen kann.
Während der Arbeit an diesem Buch hat mich vor allem die geistliche Kampfführung fasziniert. Der bewusste und aktive Schritt zu kämpfen gegen das, was mich bedrückt, fesselt oder klein macht. Das gibt meinem Leben eine neue Dimension. Gott ist gut. Immer. Das muss einem ganz tief ins Herz fallen. Dann wird möglich, was einem unmöglich scheint. Denn bei Gott ist kein Ding unmöglich (Lukas 1,26–38).

Dank

Zuallererst möchte ich mich von Herzen bei Dir, Juliana, bedanken. Danke für Deine Zeit und Deine Liebe und Deinen Mut, mit Deinem Leben an die Öffentlichkeit zu gehen. Es war für mich eine große Bereicherung, mit Dir zusammen zu arbeiten, und es ist schön, dass wir in dieser Zeit wirklich Freunde geworden sind. Be Blessed!!

Auch möchte ich mich beim Präsenz-Verlag bedanken, der ohne wirklich zu wissen, worauf er sich einließ, zugesagt hatte, das Buch zu veröffentlichen. Mein Dank an Frau Dr. Fischer, die durch ihr engagiertes Lektorat dem Buch den letzten Schliff gegeben hat! Gott segne Sie und den Verlag und vergelte all Ihre Mühe.

Dann möchte ich mich bei all denen bedanken, die zur Entstehung dieses Buches beigetragen haben. Danke, Maria, dass wir in Uganda in Deinem Haus wohnen durften, danke, Esther, dass Du für uns so herrlich gekocht hast, danke, James, für Dein immer offenes Ohr und Deine Liebe, danke, Jana, für alle Organisation, danke allen von „Vision für Afrika", die unsere Zeit in Uganda so wunderbar begleitet haben.

Danke auch meinen Probelesern und Freunden für alles Feedback, kritisches Hinterfragen, Ermutigung, Begeisterung und nicht zuletzt Gebet!! Danke, Mami, Papi, Anna-Donata, Flaminia, Antoinette, Lioba, Christian, Niko, Wenzel, Max, Agnes, Ida, Constantin, Gabi, Glenn, Dorothea, Ariane und Irina.

Gottes Segen,
Eure Isi bzw. Marie-Sophie Lobkowicz